rororo

rororo

Der bekannte Kritiker David Kepesh ist über sechzig, als er eine junge kubanische Studentin kennen lernt, die sein Leben in erotische Turbulenzen stürzt. Nach einer Affäre voller quälender Besessenheit gibt ihm Consuela wegen einer Nichtigkeit den Laufpass. Acht Jahre später, am Silvesterabend 1999, taucht sie mit einer bestürzenden Nachricht wieder bei ihm auf.

«Ein aufwühlendes Meisterstück.» *(Focus)*
«Ein weiterer genialer Wurf.» *(Die Welt)*

Philip Roth wurde 1933 in Newark, New Jersey, geboren. Für sein Werk wurde er mit allen bedeutenden amerikanischen Literaturpreisen ausgezeichnet, darunter dem Pulitzer-Preis für «Amerikanisches Idyll». Für «Der menschliche Makel» erhielt er seinen zweiten PEN / Faulkner Award sowie den britischen W. H. Smith Award als «bestes Buch des Jahres» und den französischen Prix Medici als «bestes ausländisches Buch des Jahres». Im Jahre 2001 wurde er mit der höchsten Auszeichnung der American Academy of Arts and Letters bedacht, der Goldmedaille für Belletristik, die alle sechs Jahre für das Gesamtwerk eines Autors verliehen wird.

PHILIP ROTH

# Das sterbende Tier

Roman

Deutsch von
Dirk van Gunsteren

Rowohlt Taschenbuch Verlag

Die amerikanische Originalausgabe
erschien erstmals 2001 unter dem Titel
«The Dying Animal» bei
Houghton Mifflin in New York.

Veröffentlicht im Rowohlt Taschenbuch Verlag,
Reinbek bei Hamburg, Oktober 2004

Umschlaggestaltung any.way, Cathrin Günther
(Abbildung: akg-images)
Gesetzt aus der Bembo PostScript, PageOne
Gesamtherstellung Clausen & Bosse, Leck
Printed in Germany
ISBN 3 499 23650 8

Für N. M.

Die Geschichte eines Lebens
ist im Körper ebenso enthalten
wie im Gehirn.

*Edna O'Brien*

Ich lernte sie vor acht Jahren kennen. Sie war in meinem Seminar. Ich habe keine Vollzeit-Professur mehr – genau genommen unterrichte ich nicht einmal mehr Literatur. Seit Jahren veranstalte ich nur noch dieses eine Seminar, ein großes Oberseminar über Literaturkritik mit dem Titel «Praktische Kritik». Es kommen viele Studentinnen. Aus zwei Gründen. Zum einen bietet dieses Thema eine verführerische Kombination aus intellektuellem Glamour und journalistischem Glamour, zum anderen haben sie mich und meine Buchrezensionen auf NPR gehört oder mich auf Channel Thirteen gesehen, wo ich über Kultur spreche. In den vergangenen fünfzehn Jahren habe ich in dieser Region durch meine Fernsehauftritte als Kulturkritiker einen gewissen Bekanntheitsgrad erreicht, und deswegen kommen sie in mein Seminar. Anfangs war mir nicht bewusst, dass wöchentliche Zehn-Minuten-Auftritte im Fernsehen so beeindruckend sein könnten, wie sie es für diese Studentinnen offenbar sind. Doch diese jungen Frauen fühlen sich hoffnungslos zu Berühmtheiten hingezogen, so unerheblich meine auch sein mag.

Nun, wie Sie wissen, bin ich für weibliche Schönheit sehr empfänglich. Jeder hat seine verwundbare Stelle, und das ist eben meine. Ich sehe weibliche Schönheit und bin so geblendet, dass ich nichts anderes mehr wahrnehme. Sie kommen zur ersten Seminarsitzung, und ich weiß beinahe sofort, welche für mich bestimmt ist. Es gibt eine Geschichte von Mark Twain, in der er beschreibt, wie er vor einem Stier davonrennt, und der Stier sieht hinauf zu der Baumkrone, in der Twain sich versteckt, und denkt: «Sie, Sir, sind genau mein Fall.» Tja, wenn ich sie in meinem Seminar sehe, wird aus dem «Sir» eine «junge Dame». Es ist jetzt acht Jahre her – ich war damals bereits zweiundsechzig, und Consuela Castillo war vierundzwanzig. Sie ist nicht wie die anderen Studentinnen. Sie sieht nicht aus wie eine Studentin, jedenfalls nicht wie eine gewöhnliche Studentin. Sie ist kein spätpubertäres, ungepflegtes Mädchen mit schlechter Haltung, das ständig «irgendwie» sagt. Sie drückt sich gut aus, sie ist sachlich, ihre Haltung ist perfekt – sie scheint etwas über das Erwachsenenleben zu wissen, unter anderem darüber, wie man sitzt, steht und geht. Sobald man den Seminarraum betritt, sieht man, dass diese Frau entweder mehr weiß oder mehr wissen will. Wie sie sich kleidet. Sie hat nicht direkt das, was man Chic nennen würde, sie ist jedenfalls nicht extravagant, aber immerhin trägt sie nie Jeans, seien es nun gebügelte oder ungebügelte. Sie wählt ihre Garderobe sorgfältig, mit dezentem Geschmack: Röcke, Kleider, gut sitzende Hosen. Nicht um ihre Vorzüge zu verbergen, sondern vielmehr, wie es scheint, um einen professionelleren Eindruck zu machen, kleidet sie sich wie eine attraktive Sekretärin in einer angesehenen Anwaltskanzlei. Wie die Sekretärin des Vorstandsvorsitzenden einer Bank. Eine cremefarbene Seidenbluse unter einem maßgeschneiderten blauen Blazer mit Goldknöpfen, eine braune Handtasche mit der Patina teuren Leders, dazu passende, knöchelhohe Stiefel und einen grauen, engen Strickrock, der ihre Konturen so subtil betont, wie ein solcher Rock das nur kann. Ihre Frisur ist unaufwendig, ihr Haar gepflegt. Sie hat eine blasse Haut, ihre Lippen sind geschwungen, aber voll, und ihre Stirn ist gewölbt und faltenlos und von der glatten Eleganz einer Brancusi-Skulptur. Sie ist Kubanerin. Ihre Angehörigen sind wohlhabende Kubaner, die in Jersey leben, jenseits des Flusses, in Bergen County. Sie hat tiefschwarzes, glänzendes Haar, das aber auch ein kleines bisschen grob ist. Und sie ist eine große Frau mit einem großen Busen. Die oberen beiden Knöpfe der Seidenbluse sind geöffnet, sodass man sehen kann, dass sie ausladende, wunderschöne Brüste hat. Man sieht sofort auf ihr Dekolleté. Und man sieht, dass sie das weiß. Man sieht, dass sie sich trotz aller Zurückhaltung, trotz aller Gewissenhaftigkeit, trotz aller sorgsamen Gepflegtheit – oder vielleicht gerade deswegen – ihrer selbst bewusst ist. Sie erscheint zur ersten Seminarsitzung, und das Jackett über der Bluse ist zugeknöpft, doch bereits nach fünf Minuten hat sie es ausgezogen. Als ich das nächste Mal zu ihr hinsehe, hat sie das Jackett wieder angezogen. Man erkennt also, dass sie sich ihrer Macht bewusst ist, aber noch nicht genau weiß, wie sie sie einsetzen soll, was sie damit anfangen soll und ob sie diese Macht überhaupt haben will. Dieser Körper ist für sie noch neu, sie probiert ihn noch aus, sie denkt darüber nach – sie ist ein bisschen wie ein Jugendlicher, der mit einer geladenen Pistole durch die Straßen geht und noch nicht weiß, ob er die Waffe zur Selbstverteidigung eingesteckt hat oder dabei ist, eine Verbrecherlaufbahn einzuschlagen.

Und sie ist sich noch einer anderen Sache bewusst, und

das ist etwas, was ich nach dieser ersten Seminarsitzung noch nicht wissen konnte: Sie findet Kultur wichtig, auf eine ehrerbietige, altmodische Weise. Nicht dass Kultur etwas ist, nach dem sie ihr Leben ausrichten möchte. Das tut sie nicht, und das will sie auch gar nicht – dazu ist sie zu sehr Produkt einer traditionellen Erziehung –, aber Kultur ist wichtiger und wunderbarer als alles andere, das sie kennt. Sie ist eine von denen, die impressionistische Kunst überwältigend finden, doch einen kubistischen Picasso muss sie lange und eingehend – und stets mit einem Gefühl qualvoller Verwirrung – betrachten und sich die allergrößte Mühe geben, ihn zu verstehen. Sie wartet auf die überraschende neue Empfindung, den neuen Gedanken, das neue Gefühl, und wenn diese sich nicht einstellen, verurteilt sie sich dafür, dass sie unfähig ist, dass es ihr mangelt ... mangelt an was? Sie verurteilt sich dafür, dass sie nicht einmal weiß, woran es ihr mangelt. Beim Anblick eines auch nur entfernt modernen Kunstwerks ist sie nicht nur verwirrt, sondern auch enttäuscht von sich selbst. Sie hätte so gern, dass Picasso für sie bedeutsamer wäre, dass er vielleicht ihr Leben verändern würde, doch vor dem Proszenium des Genies hängt ein Schleier, der ihr die Sicht nimmt und ihre Verehrung ein bisschen auf Distanz hält. Sie gibt der Kunst in all ihren Erscheinungsformen weit mehr, als sie zurückbekommt – eine Ernsthaftigkeit, die nicht ohne einen gewissen ergreifenden Reiz ist. Ein großes Herz, ein hübsches Gesicht, ein einladender und zugleich zurückhaltender Blick, herrliche Brüste – eine Frau, die erst vor so kurzer Zeit geschlüpft war, dass ich nicht überrascht gewesen wäre, wenn an ihrer glatten, eiförmig gekrümmten Stirn noch Schalenstückchen geklebt hätten. Ich sah sofort, dass sie genau mein Fall war.

Nun, ich habe seit fünfzehn Jahren eine eiserne Regel, die ich nie breche: Keine privaten Kontakte, bis sie ihre Prüfung abgelegt und ihre Note erhalten haben und ich nicht mehr offiziell *in loco parentis* bin. Trotz aller Versuchungen – oder auch deutlichen Signale, einen Flirt zu beginnen und mich ihnen zu nähern – habe ich mich an diese Regel gehalten, seit ich Mitte der achtziger Jahre die Notrufnummer für Opfer sexueller Belästigung an der Tür meines Büros fand. Während des Semesters mache ich mich nicht an sie heran, denn ich will denen, die mir, wenn sie nur könnten, die Lebensfreude ernsthaft vergällen würden, keinen Vorwand liefern.

Jedes Jahr unterrichte ich vierzehn Wochen lang, und während dieser Zeit habe ich keine Affären mit Studentinnen. Ich greife lieber zu einem Trick. Es ist ein einwandfreier Trick, ein offener und ehrlicher Trick, aber eben trotzdem ein Trick. Nach der Prüfung, wenn die Noten verteilt sind, veranstalte ich in meiner Wohnung eine Party. Sie ist immer ein Erfolg, und sie läuft immer gleich ab. Ich lade alle Seminarteilnehmer für sechs Uhr zu einem Drink ein. Ich sage ihnen, dass wir von sechs bis acht etwas trinken werden, und sie bleiben immer bis zwei Uhr morgens. Nach zehn drehen die Mutigsten auf und erzählen mir von ihren eigentlichen Interessen. Das Seminar «Praktische Kritik» hat etwa zwanzig, manchmal auch fünfundzwanzig Teilnehmer, und das heißt, es sind fünfzehn, sechzehn Frauen und fünf oder sechs Männer, von denen zwei oder drei nicht schwul sind. Bis um zehn hat sich die Hälfte verabschiedet. Danach sind meist ein nicht schwuler und vielleicht ein schwuler Mann und etwa neun Frauen übrig. Es sind immer die kultiviertesten, intelligentesten und lebhaftesten. Sie sprechen darüber, welche Bücher sie lesen, welche Musik sie hören, welche Ausstellungen sie sich angesehen haben – Leidenschaften, über die sie normalerweise nicht mit ihren Eltern und auch nicht unbedingt mit ihren Freunden reden. In meinem Seminar finden sie einander. Und sie finden mich. Während dieser Party stellen sie auf einmal fest, dass ich ein menschliches Wesen bin. Ich bin nicht mehr ihr Lehrer, ich bin nicht mehr meine Reputation, ich bin nicht mehr ihr Vater. Ich habe eine hübsche, aufgeräumte Maisonettewohnung, und sie sehen meine große Bibliothek, die vielen beidseitig zugänglichen Bücherregale, die die Lektüre eines ganzen Lebens enthalten und beinahe das gesamte untere Zimmer einnehmen, sie sehen meinen Flügel, sie sehen meine Hingabe an das, was ich tue, und sie bleiben.

Es gab ein Jahr, da war meine komischste Studentin wie das Geißlein im Märchen, das sich in der Uhr versteckte. Ich warf die letzten Gäste um zwei Uhr morgens hinaus, und während sie sich verabschiedeten, bemerkte ich, dass eine Studentin fehlte. «Wo ist unser Clown, wo ist Prosperos Tochter?», sagte ich. «Ach, ich glaube, Miranda ist schon gegangen», antwortete jemand. Ich ging wieder hinein und begann aufzuräumen, als ich hörte, dass oben eine Tür geschlossen wurde. Die Tür zum Badezimmer. Und Miranda kam die Treppe hinunter, lachend, strahlend, mit einer Art naiver Ausgelassenheit – bis zu diesem Augenblick war mir nicht aufgefallen, wie hübsch sie war –, und sagte: «Hab ich das nicht schlau angestellt? Ich hab mich da oben auf der Toilette versteckt, und jetzt werde ich mit dir schlafen.»

Sie war ein kleines Persönchen, nicht größer als einsfünfundfünfzig, und sie zog den Pullover aus und zeigte mir ihre Brüste, sie enthüllte den jungen Körper einer Balthus-Jungfrau, die im Begriff ist zu sündigen, und selbstverständlich schliefen wir miteinander. Wie ein junges Mädchen, das dem gefährlichen Melodram eines Balthus-Gemäldes entkommen ist und Zuflucht gefunden hat in der Unbeschwertheit der Seminarparty, hatte Miranda den ganzen Abend auf allen vieren, den Hintern hochgereckt, auf dem Boden gehockt oder hingestreckt in einer Haltung der Hilflosigkeit auf meinem Sofa gelegen oder sich, die Beine über die Lehne gelegt, fröhlich auf einem Sessel drapiert, scheinbar ohne zu merken, dass sie, weil ihr Rock hochgerutscht war und sie die Oberschenkel schamlos gespreizt hatte, etwas von einem Balthusschen Mädchen umgab: vollständig bekleidet und doch halb nackt. Alles verhüllt und nichts verborgen. Viele dieser Frauen haben bereits mit vierzehn sexuelle Erfahrungen gemacht, und nun, in den Zwanzigern, gibt es immer ein oder zwei, die neugierig sind, wie es wohl mit einem Mann meines Alters sein mag – und sei es nur ein einziges Mal –, und die darauf brennen, es am nächsten Tag all ihren Freundinnen zu erzählen, die dann das Gesicht verziehen und fragen: «Aber seine Haut? Hat er nicht komisch gerochen? Und seine langen weißen Haare? Seine Wamme? Sein Schmerbauch? Ist dir nicht schlecht geworden?»

Danach sagte Miranda: «Du hast bestimmt mit Hunderten von Frauen geschlafen. Ich wollte wissen, wie das ist.» «Und?» Und dann sagte sie Dinge, die ich nicht ganz glauben konnte, aber das machte nichts. Sie war kühn gewesen – sie hatte gesehen, dass sie es schaffen würde, so abenteuerlustig und aufgeregt sie auch gewesen sein mochte, als sie sich im Badezimmer versteckt hatte. Sie hatte entdeckt, wie mutig sie war, als sie sich dieser ungewohnten Situation gestellt hatte, und dass sie ihre anfänglichen Ängste und ihre etwaige anfängliche Abscheu überwinden konnte, und ich erlebte – was diese Situation betrifft – eine ganz wunderbare Nacht. Eine sich räkelnde, kaspernde, spielerische Miranda, die, ihre Unterwäsche zu ihren Füßen, posierte. Schon das Vergnügen, sie anzusehen, war herrlich. Auch wenn das keineswegs das einzige Vergnügen war. In den Jahrzehnten seit den Sechzigern hat eine bemerkenswerte Vollendung der sexuellen Revolution stattgefunden. Diese neue Generation hat erstaunliche Fellatorinnen hervorgebracht. Etwas wie sie hat es unter jungen Frauen ihrer Klasse nie zuvor gegeben.

Consuela Castillo. Ich sah sie und war ungeheuer beeindruckt von ihrer Haltung. Sie wusste, was ihr Körper wert war. Sie wusste, was sie war. Sie wusste auch, dass sie niemals in die Welt der Kultur passen würde, in der ich lebte: Kultur war etwas, was sie blendete, nicht aber etwas, mit dem sie leben konnte. Sie kam also zu meiner Party – ich hatte befürchtet, sie werde vielleicht nicht kommen – und war mir gegenüber zum ersten Mal aufgeschlossen. Da ich unsicher gewesen war, wie weit ihre Sachlichkeit und Zurückhaltung ging, hatte ich es während der Seminarsitzungen und bei ihren zwei Besuchen in meinem Büro, wo wir über ihre schriftliche Arbeit sprachen, sorgfältig vermieden, irgendein besonderes Interesse an ihr zu offenbaren. Auch sie war bei diesen Gesprächen stets sehr respektvoll und verhalten gewesen und hatte jedes meiner Worte mitgeschrieben, ganz gleich, wie unbedeutend es war. Jedes Mal, wenn sie mein Büro betrat oder es verließ, trug sie das maßgeschneiderte Jackett über der Bluse. Als sie mich das erste Mal aufsuchte und wir nebeneinander an meinem Schreibtisch saßen, die Tür zum Korridor, der Anweisung entsprechend, weit offen, sodass alle acht Gliedmaßen und unsere so unterschiedlichen Rümpfe für jeden vorbeigehenden Big Brother deutlich zu sehen waren (auch das Fenster war weit offen – ich hatte es aufgerissen, denn ich fürchtete ihr Parfüm), bei diesem ersten Mal also trug sie eine elegante graue Flanellhose mit Aufschlägen und beim zweiten Mal einen schwarzen Jerseyrock und eine schwarze Strumpfhose, doch zu unseren Seminarsitzungen erschien sie immer in einer Bluse: Über der schneeweißen Haut diese Seidenblusen in irgendeinem Cremeton, die obersten zwei Knöpfe geöffnet. Auf der Party jedoch zog sie das Jackett bereits nach dem ersten Glas Wein aus und strahlte mich kühn und jackettlos an, mit einem offenen, verführerischen Lächeln. Wir standen dicht nebeneinander in meinem Arbeitszimmer, wo ich ihr ein Kafka-Manuskript gezeigt hatte, drei handschriftliche Seiten, eine Rede, die er als Versicherungsangestellter anlässlich der Feier zur Pensionierung des Direktors gehalten hatte; dieses Manuskript aus dem

Jahr 1910 war ein Geschenk einer dreißigjährigen, reichen, verheirateten Frau, die einige Jahre zuvor meine Studentin und Geliebte gewesen war.

Consuela sprach aufgeregt über alles Mögliche. Es hatte sie fasziniert, das Kafka-Manuskript in Händen zu halten, und nun sprudelten all die Fragen hervor, die sie ein ganzes Semester lang bewegt hatten – während mich mein Begehren bewegt hatte. «Welche Musik hören Sie am liebsten? Können Sie wirklich Klavier spielen? Lesen Sie den ganzen Tag? Kennen Sie alle Gedichte in diesen Büchern da auswendig?» Aus jeder dieser Fragen ging hervor, wie sehr sie mein Leben, mein in sich geschlossenes, gesetztes kulturelles Leben bewunderte – das war das Wort, das sie benutzte. Ich fragte sie, was sie so tue, wie ihr Leben aussehe, und sie sagte, sie sei nach der High School nicht gleich aufs College gegangen, sondern habe beschlossen, als Privatsekretärin zu arbeiten. Und das war es ja auch gewesen, was ich von Anfang an in ihr gesehen hatte: die züchtige, loyale Privatsekretärin, das Kleinod im Vorzimmer eines mächtigen Mannes, des Vorstandsvorsitzenden einer Bank, des Chefs einer Anwaltskanzlei. Sie gehörte wirklich zu einer vergangenen Epoche, sie war eine Erinnerung an eine gesittetere Zeit, und ich nahm an, ihre Selbsteinschätzung hatte ebenso wie ihre Haltung viel damit zu tun, dass sie die Tochter wohlhabender kubanischer Emigranten war, reicher Menschen, die vor der Revolution geflohen waren.

Sie sagte: «Ich war nicht gern Sekretärin. Ich hab's ein paar Jahre lang versucht, aber es ist ein langweiliges Leben, und meine Eltern haben immer von mir erwartet, dass ich aufs College gehe. Also habe ich schließlich beschlossen zu studieren. Wahrscheinlich wollte ich bloß rebellieren, aber das war kindisch, und so hab ich mich also hier eingeschrieben. Ich bewundere Kunst.» Wieder das Wort «bewundern» – sie gebrauchte es freimütig und aufrichtig. «Welche Kunstform gefällt Ihnen am besten?», fragte ich sie. «Das Theater. Alle Arten von Theater. Ich gehe in die Oper. Mein Vater liebt Opern, und wir gehen gemeinsam in die Met. Puccini ist sein Lieblingskomponist. Ich gehe immer sehr gern mit ihm in die Oper.» «Sie lieben Ihre Eltern.» «Ja, sehr», sagte sie. «Erzählen Sie mir von ihnen.» «Sie sind Kubaner. Sehr stolz. Und sie sind hier sehr erfolgreich gewesen. Die Kubaner, die nach der Revolution hierher gekommen sind, hatten ein bestimmtes Weltbild, das es ihnen ermöglicht hat, extrem erfolgreich zu sein. Diese ersten Emigranten, zu denen auch meine Familie gehört hat, haben hart gearbeitet und getan, was nötig war, und sie waren so erfolgreich, dass, wie mein Großvater uns erzählt hat, einige von ihnen, die bei ihrer Ankunft eine staatliche Unterstützung erhalten hatten, weil sie nichts mehr besaßen … tja, von einigen bekam die Regierung nach ein paar Jahren Schecks. Mein Großvater sagt, die wussten gar nicht, was sie damit machen sollten. Das erste Mal in der Geschichte, dass jemand Geld an das amerikanische Finanzministerium zurückgezahlt hat.» «Sie lieben auch Ihren Großvater. Was für ein Mensch ist er?» «Wie mein Vater: Ausgeglichen, extrem traditionell eingestellt, mit europäischen Ansichten. Das Wichtigste sind harte Arbeit und eine gute Ausbildung. Das vor allem. Und wie mein Vater stellt er die Familie über alles. Sehr religiös. Auch wenn er nicht so oft in die Kirche geht. Das tut mein Vater auch nicht. Aber meine Mutter. Und meine Großmutter. Meine Großmutter betet jeden Abend den Rosenkranz. Die Leute schenken ihr Rosenkränze. Sie hat ihre Lieblingsrosenkränze. Sie liebt ihren Rosenkranz.» «Gehen Sie in die Kirche?» «Als ich noch klein war. Jetzt nicht mehr. Meine Eltern sind anpassungsfähig. Kubaner ihrer Generation mussten zu einem gewissen Grad anpassungsfähig sein. Meine Familie würde es gern sehen, wenn wir in die Kirche gehen würden, mein Bruder und ich, aber nein, ich gehe nicht.» «Welchen Beschränkungen war ein kubanisches Mädchen, das in Amerika aufgewachsen ist, ausgesetzt, die nicht auch typisch für eine amerikanische Erziehung wären?» «Ach, ich musste viel früher zu Hause sein. Wenn alle meine Freundinnen sich an Sommerabenden trafen. Mit vierzehn oder fünfzehn musste ich im Sommer um acht Uhr zu Hause sein. Dabei ist mein Vater kein schrecklicher, Furcht einflößender Kerl. Er ist einfach ein durchschnittlicher, netter Vater. Nur dass kein Junge mein Zimmer betreten durfte. Niemals. Andererseits – mit sechzehn galten für mich, was das Nachhausekommen und so betrifft, dieselben Regeln wie für meine Freundinnen.» «Und wann sind Ihre Mutter und Ihr Vater hierher gekommen?» «1960. Damals ließ Fidel die Leute noch ausreisen. Sie haben in Kuba geheiratet. Zunächst sind sie nach Mexiko gegangen. Dann hierher. Ich bin natürlich hier geboren.» «Fühlen Sie sich als Amerikanerin?» «Ich bin zwar hier geboren, aber ich bin Kubanerin. Ganz eindeutig.» «Ich bin überrascht, Consuela. Ihre Stimme, Ihr Verhalten, die Art, wie Sie ‹Kerl› und ‹und so› sagen ... Für mich sind Sie ganz und gar amerikanisch. Warum fühlen Sie sich als Kubanerin?» «Weil ich aus einer kubanischen Familie stamme. Das ist alles. Das ist der ganze Grund. Meine Eltern und Großeltern haben einen ungeheuren Stolz. Sie lieben ihr Land. Es ist in ihren Herzen. Es ist in ihrem Blut. Sie waren schon in Kuba so.» «Was lieben sie so sehr an Kuba?» «Ach, das Leben dort hat so viel Spaß gemacht. Es war eine Gesellschaft von Menschen, die das Beste aus der ganzen Welt genießen konnten. Absolut kosmopolitisch, besonders, wenn man in Havanna lebte. Und es war schön. Und es gab diese herrlichen Feste. Es war ein wirklich schönes Leben.» «Feste? Erzählen Sie mir davon.» «Ich habe Fotos von meiner Mutter auf einem Kostümball. Als sie Debütantin war. Fotos von ihrem Debütantinnenball.» «Aus was für einer Familie stammt sie?» «Ach, das ist eine lange Geschichte.» «Erzählen Sie sie mir.» «Also, der erste Spanier in der Familie meiner Großmutter, der nach Kuba kam, wurde als General dorthin gesandt. Es gab eine Menge altes spanisches Geld in der Familie. Meine Großmutter hatte Hauslehrer, und mit achtzehn fuhr sie nach Paris, um Kleider zu kaufen. In meiner Familie gibt es auf beiden Seiten spanische Adelstitel. Manche davon sind sehr, sehr alt. Meine Großmutter zum Beispiel ist eine Herzogin in Spanien.» «Dann sind Sie also auch eine Herzogin, Consuela?» «Nein», sagte sie lächelnd. «Nur ein kubanisches Mädchen, das Glück gehabt hat.» «Man könnte Sie aber für eine Herzogin halten. Irgendwo im Prado hängt sicher das Bild einer Herzogin, die wie Sie aussieht. Kennen Sie das berühmte Gemälde *Las Meninas* von Velázquez? Dort hat die kleine

Prinzessin allerdings helles Haar, blondes Haar.» «Nein, ich glaube, das kenne ich nicht.» «Es hängt im Prado, in Madrid. Ich werde es Ihnen zeigen.»

Wir gingen die stählerne Wendeltreppe hinunter zu meinen Bücherregalen. Ich nahm einen großformatigen Bildband über Velázquez, und wir setzten uns nebeneinander an einen Tisch und blätterten fünfzehn Minuten lang darin. Es war eine bewegende Viertelstunde, in der wir beide etwas lernten: Sie erfuhr zum ersten Mal etwas über Velázquez, und ich erfuhr zum wiederholten Male etwas über die herrliche Verrücktheit der Lust. All dieses Reden! Ich zeige ihr Kafka, Velázquez ... Warum tut man das? Nun ja, irgendetwas muss man schließlich tun. Das sind die Schleier des Tanzes. Man darf das nicht mit Verführung verwechseln. Es ist nicht Verführung. Was man verbirgt, ist das, was einen dorthin gebracht hat: die pure Lust. Die Schleier verhüllen den blinden Trieb. Man redet und hat – wie sie – das irrige Gefühl, man wüsste, womit man es zu tun hat. Aber es ist nicht so, als würde man sich mit einem Anwalt beraten oder mit einem Arzt sprechen, als würde irgendetwas, was da gesagt wird, am weiteren Verlauf etwas ändern. Man weiß, dass man es will, und man weiß, dass man es tun wird, und es gibt nichts, was einen aufhalten könnte. Es wird nichts gesagt werden, das irgendetwas ändern könnte.

Der große biologische Witz ist, dass man miteinander intim ist, bevor man irgendetwas über den anderen weiß. In dem Augenblick, in dem es beginnt, begreift man alles. Zu Beginn wird man von der Oberfläche des anderen angezogen, aber man begreift intuitiv auch die ganze Tiefe.

Und die Anziehung muss nicht gleich sein: Die Frau fühlt sich von der einen Sache angezogen, man selbst aber von etwas ganz anderem. Es geht um Oberfläche, es geht um Neugier, aber dann – bum! – kommt die Tiefe. Es ist schön, dass sie kubanischer Herkunft ist, es ist schön, dass ihre Großmutter dies und ihr Großvater jenes war, es ist schön, dass ich Klavier spielen kann und ein Kafka-Manuskript besitze, aber das alles ist lediglich ein Abschweifen von dem Weg, der uns zu unserem Ziel führt. Dieses Abschweifen ist vermutlich ein Teil des Zaubers, aber es ist der Teil, ohne den ich mich viel besser fühlen würde, wenn es denn möglich wäre, auf ihn zu verzichten. Der einzige Zauber, den es braucht, ist Sex. Finden Männer Frauen immer noch so bezaubernd, wenn Sex keine Rolle mehr spielt? Findet irgendjemand irgendeinen anderen, ganz gleich welchen Geschlechts, so bezaubernd, wenn Sex zwischen den beiden keine Rolle spielt? Von wem sonst ist man so bezaubert? Von niemandem.

Sie denkt: Ich sage ihm, wer ich bin. Er interessiert sich dafür, wer ich bin. Das stimmt, aber ich bin neugierig, wer sie ist, weil ich mit ihr vögeln will. Ich brauche dieses große Interesse für Kafka und Velázquez nicht. Ich unterhalte mich mit ihr und denke: Wie lange muss ich das noch durchhalten? Drei Stunden? Vier? Bin ich bereit, acht Stunden weiterzumachen? Zwanzig Minuten Verschleierung, und schon frage ich mich: Was hat das alles mit ihren Brüsten zu tun, mit ihrer Haut, mit ihrer Haltung? Die französische Kunst des Flirts bedeutet mir nichts, der wilde Trieb hingegen sehr viel. Nein, hier geht es nicht um Verführung. Hier geht es um ein Lustspiel. Es geht um ein Lustspiel, in dem eine Verbindung hergestellt wird, die nicht die Verbindung ist und nicht einmal ansatzweise mit der Verbindung konkurrieren kann, welche ganz und gar kunstlos von der Lust hergestellt wird. Hier geht es um die sofortige Konventionalisierung, um das unverzügliche Finden von Gemeinsamkeiten, um den Versuch, Lust in etwas gesellschaftlich Angemessenes zu verwandeln. Dabei ist es gerade die radikale Unangemessenheit, die sie zu *Lust* macht. Nein, hier wird nur der Kurs bestimmt – allerdings nicht voraus, sondern zurück zum elementaren Trieb. Man sollte die Verschleierung nicht mit dem verwechseln, was jetzt ansteht. Gewiss, es könnte sich auch etwas anderes entwickeln, doch das hat nichts mit dem Aussuchen von Vorhängen und Steppdecken zu tun oder mit dem Eintritt in die Gemeinschaft derer, die die Evolution voranbringen. Die Evolution kommt auch ohne mich zurecht. Ich will mit diesem Mädchen vögeln, und ich werde mich wohl mit einer gewissen Verschleierung abfinden müssen, doch diese ist ein Mittel zum Zweck. Wie viel davon ist Gerissenheit? Ich würde gern sagen: alles.

«Sollen wir mal zusammen ins Theater gehen?», fragte ich sie. «O ja, sehr gern», sagte sie, und zu diesem Zeitpunkt wusste ich noch nicht, ob sie allein war oder einen Freund hatte, doch es war mir auch gleichgültig, und zwei, drei Tage später – das alles war 1992, vor acht Jahren – schickte sie mir eine Karte, auf der stand: «Es war wunderbar, zu Ihrer Party eingeladen zu sein, Ihre schöne Wohnung und beeindruckende Bibliothek zu sehen und ein Manuskript von Franz Kafka in den Händen zu halten. Sie waren so liebenswürdig, mich mit Diego Velázquez bekannt zu machen ...» Sie hatte nicht nur ihre Adresse, sondern auch ihre Telefonnummer angegeben, und so rief ich sie an und schlug einen gemeinsamen Abend vor. «Hätten Sie nicht Lust, mit mir ins Theater zu gehen? Sie kennen ja meine Arbeit. Ich muss fast jede Woche ins Theater, und ich bekomme immer zwei Karten. Vielleicht möchten Sie mich begleiten.»

Also aßen wir in der Stadt zu Abend und sahen uns das Stück an, das sehr uninteressant war, und ich saß neben ihr und warf Blicke auf ihr wunderschönes Dekolleté und ihren wunderschönen Körper. Sie hat BH-Größe D, diese Herzogin, wirklich große, schöne Brüste und eine sehr weiße Haut, eine Haut, die man in dem Augenblick, da man sie sieht, ablecken möchte. Im Theater, im Dunkeln, war die Kraft ihrer Reglosigkeit enorm. Was könnte in dieser Situation erotischer sein als die scheinbare Abwesenheit jeglicher erotischer Intention in einer erregenden Frau?

Nach dem Stück schlug ich vor, irgendwo etwas zu trinken, doch es gab da einen Nachteil. «Weil ich im Fernsehen auftrete, erkennen mich die Leute, und ganz gleich, wohin wir gehen, ins Algonquin oder ins Carlyle oder wohin auch immer – es könnte sein, dass sie aufdringlich werden.» «Ich habe schon bemerkt», sagte sie, «dass die Leute sich nach uns umgesehen haben, im Restaurant und im Theater.» «Und hat es Ihnen etwas ausgemacht?» «Ich weiß es nicht. Es ist mir nur aufgefallen. Ich habe mich gefragt, ob es *Ihnen* etwas ausmacht.» «Es ist nicht zu ändern», sagte ich. «Das gehört zu diesem Job.»

«Wahrscheinlich haben sie gedacht, ich sei ein Groupie.» «Sie sind alles andere als ein Groupie», versicherte ich ihr. «Aber trotzdem haben diese Leute das bestimmt gedacht. ‹Da ist David Kepesh mit einem von seinen kleinen Groupies.› Sie denken, ich bin irgendein dummes kleines Mädchen, das sich hat beeindrucken lassen.» «Und wenn sie das tatsächlich denken?», fragte ich. «Ich weiß nicht, ob mir das gefallen würde. Ich möchte gern meinen College-Abschluss haben, bevor meine Eltern ihre Tochter auf Seite sechs der *Post* sehen.» «Ich glaube nicht, dass Sie sich auf Seite sechs der *Post* wiederfinden werden. Das wird nicht geschehen.» «Das hoffe ich sehr», sagte sie. «Wenn Ihnen das Sorgen macht, könnten wir dieses Problem vermeiden, indem wir zu mir gehen, in meine Wohnung. Wir können ja auch dort etwas trinken.» «Gut», sagte sie, allerdings erst nach einem Augenblick stillen, ernsthaften Nachdenkens. «Das ist wahrscheinlich eine bessere Idee.» Keine gute Idee, nur eine bessere.

Wir gingen in meine Wohnung, und sie bat mich, Musik aufzulegen. Für sie wählte ich meist leichte klassische Musik aus: Trios von Haydn, das *Musikalische Opfer*, dynamische Sätze aus Beethoven-Symphonien, Adagio-Sätze von Brahms. Beethovens Siebte gefiel ihr besonders, und an den folgenden Abenden gab sie zuweilen dem unwiderstehlichen Drang nach, aufzustehen und ihre Arme spielerisch zu schwenken, als sei nicht Bernstein der Dirigent, sondern sie. Es war überaus erregend zu sehen, wie ihre Brüste sich unter der Bluse bewegten, während sie, nicht unähnlich einem sich produzierenden Kind, so tat, als gebe sie mit ihrem unsichtbaren Taktstock die Einsätze, und wer weiß – vielleicht war daran überhaupt nichts Kindliches, vielleicht wollte sie mich mit diesem Dirigentenspiel erregen. Es kann nämlich nicht lange gedauert haben, bis ihr dämmerte, dass sie sich täuschte, wenn sie wie eine junge Studentin weiterhin glaubte, es sei der ältere Lehrer, der die Fäden in der Hand hielt. Denn beim Sex hat die absolute Stasis keinen Sinn. Es gibt keine sexuelle Gleichheit, es kann sie gar nicht geben, und ganz gewiss nicht eine Gleichheit, bei der die Verteilung genau ausgewogen und der männliche Quotient exakt so groß wie der weibliche ist. Diese ungezähmte Sache lässt sich nicht berechnen. Hier gibt es kein fifty-fifty wie bei einer geschäftlichen Transaktion. Wir sprechen hier vom Chaos des Eros, von der radikalen Destabilisierung, die das Wesen der sexuellen Erregung ist. Beim Sex ist man wieder im Urwald. Man ist wieder im Sumpf. Beim Sex geht es darum, dass die Dominanz wechselt, es geht um fortwährendes *Ungleichgewicht*. Wollen Sie Dominanz ausschließen? Wollen Sie Nachgiebigkeit ausschließen? Dominanz ist der Feuerstein, sie schlägt den Funken und setzt alles in Gang. Und dann? Geben Sie Acht. Sie werden schon sehen. Sie werden sehen, wohin das Dominieren führt. Sie werden sehen, wohin das Nachgeben führt.

Manchmal – wie auch an jenem Abend – legte ich ein Dvořák-Streichquartett auf, eine elektrisierende Musik, leicht wiederzuerkennen, leicht zu verstehen. Sie mochte es, wenn ich Klavier spielte, denn das schuf eine Atmosphäre der Romantik und Verführung, die ihr ebenso gefiel wie mir. Die einfacheren Préludes von Chopin. Schubert, etwas aus den *Moments Musicaux*. Ein paar Sätze aus den Sonaten. Nichts besonders Schwieriges, aber Stücke, die ich geübt hatte und nicht allzu schlecht hinbekam. Auch jetzt, da ich besser geworden bin, spiele ich gewöhnlich nur für mich selbst, aber es war schön, für sie zu spielen. Es gehörte zu diesem Rausch – für uns beide gehörte es dazu. Es ist sehr komisch, ein Instrument zu spielen. Manches fällt mir inzwischen ganz leicht, aber in den meisten Stücken gibt es noch immer Passagen, die mir Schwierigkeiten bereiten, Schwierigkeiten, die zu lösen ich mich in all den Jahren, in denen ich ohne Lehrerin und nur für mich selbst spielte, nie bemüht hatte. Wenn ich damals mit einem Problem konfrontiert war, dachte ich mir irgendeine idiotische Methode aus, um es zu lösen. Oder ich löste es eben nicht – bestimmte Arten von Sprüngen, bestimmte komplizierte Bewegungen von einem Teil der Klaviatur zum anderen, bei denen man sich geradezu die Finger brechen kann. Als ich Consuela kennen lernte, hatte ich noch keine Lehrerin und behalf mich mit all den idiotischen Improvisationen, die ich als Lösungen für diese technischen Probleme erfunden hatte. Ich hatte nur als Kind ein paar Klavierstunden bekommen, und bevor ich mir vor fünf Jahren eine Lehrerin suchte, war ich im Grunde ein Autodidakt. Sehr wenig Anleitung. Wenn ich ernsthaft Unterricht gehabt hätte, müsste ich heute nicht so viel üben. Ich stehe früh auf und verbringe bei Tagesanbruch zwei, wenn möglich zweieinhalb Stunden damit, zu üben – mehr kann man kaum tun. Allerdings lege ich manchmal, wenn ich an einem bestimmten Stück arbeite, später noch einmal eine Übungsstunde ein. Ich bin gut in Form, aber nach einer

Weile werde ich müde. Sowohl geistig als auch körperlich. Ich besitze einen gewaltigen Stapel Noten, die ich durchgearbeitet habe. Das ist ein Fachausdruck – ich meine damit nicht, dass ich sie gelesen habe, wie man Bücher liest. Ich habe sie am Flügel durchgearbeitet. Ich habe viele Noten gekauft, ich habe jede Menge Klaviernoten, und früher habe ich sie gelesen und gespielt, und zwar schlecht. Manche Passagen vielleicht auch nicht so schlecht. Um herauszufinden, wie das Stück aufgebaut war, und so weiter. Ich war nicht besonders gut, aber es hat mir einiges Vergnügen bereitet. Und um Vergnügen geht es hier. Wie man sein bescheidenes, privates Vergnügen ein Leben lang ernst nehmen kann.

Der Klavierunterricht war ein Geschenk, das ich mir zum fünfundsechzigsten Geburtstag dafür gemacht habe, dass ich endlich über Consuela hinweggekommen war. Und ich habe große Fortschritte gemacht. Inzwischen spiele ich ziemlich komplizierte Stücke: Brahms-Intermezzi, Schumann, ein schwieriges Chopin-Prélude. Ich versuche mich auch an einem äußerst schwierigen, das ich noch immer nicht gut spiele, aber ich arbeite daran. Wenn ich voller Verzweiflung zu meiner Lehrerin sage: «Ich kriege es einfach nicht hin. Wie löst man ein solches Problem?», antwortet sie: «Indem man die Passage tausendmal spielt.» Wie alle erfreulichen Dinge hat auch dies also seine unerfreulichen Aspekte, aber meine Beziehung zur Musik hat sich vertieft, und das ist für mein Leben jetzt von sehr großer Bedeutung. Es ist klug, das jetzt zu tun. Wie lange werden junge Frauen für mich noch erreichbar sein?

Ich kann nicht behaupten, dass mein Klavierspiel Consuela so erregte, wie ihr gespieltes Dirigieren der Beethoven-Symphonie mich erregte. Ich kann nicht behaupten, dass irgendetwas, was ich tat, Consuela sexuell erregte. Das ist auch hauptsächlich der Grund, warum ich nach dem Abend vor acht Jahren, als wir zum ersten Mal miteinander ins Bett gingen, keine ruhige Minute hatte, warum ich – ob es ihr bewusst war oder nicht – fortan ganz schwach und ständig besorgt war, warum ich mich nicht entscheiden konnte, ob die Lösung darin bestand, öfter oder weniger oft oder gar nicht mit ihr zusammen zu sein, mich also von ihr zu trennen – das Undenkbare zu tun und mit zweiundsechzig freiwillig eine bezaubernde Frau von vierundzwanzig aufzugeben, die Hunderte Male zu mir sagte: «Ich bete dich an», die sich aber nie, nicht einmal in heuchlerischer Absicht, überwinden konnte zu flüstern: «Ich will dich, ich begehre dich so, ich kann ohne deinen Schwanz nicht leben.»

Nein, das sagte Consuela nicht. Und das war der Grund, warum die Angst, ich könnte sie an einen anderen verlieren, mich nie verließ, warum ich immerfort an sie denken musste, warum ich mir ihrer, ob ich mit ihr zusammen war oder nicht, nie sicher sein konnte. Diese Besessenheit war schrecklich. Wenn man betört ist, hilft es, nicht zu viel nachzudenken und diesen Zustand zu genießen. Doch dieses Vergnügen blieb mir versagt: Ich tat nichts anderes als denken – ich dachte nach, ich sorgte mich, ja, ich litt. Konzentriere dich auf dein Vergnügen, befahl ich mir. Warum, wenn nicht zu meinem Vergnügen, habe ich beschlossen, so zu leben, wie ich es tue, mit so wenigen Einschränkungen meiner Unabhängigkeit wie möglich? In meinen Zwanzigern war ich einmal verheiratet – die schlimme erste Ehe, die so schlimm wie die Grundausbildung bei der Armee war, doch danach war ich entschlossen, keine schlimme zweite oder dritte oder vierte Ehe einzugehen. Danach war ich entschlossen, nie wieder im Käfig zu leben.

An jenem ersten Abend saßen wir auf dem Sofa und hörten Dvořák. Irgendwann stieß Consuela auf ein Buch, das sie interessierte; welches es war, habe ich vergessen, aber diesen Augenblick werde ich niemals vergessen. Sie wandte sich um – ich saß da, wo Sie jetzt sitzen, auf der Ecke des Sofas, und sie saß dort –, und sie drehte den Oberkörper zur Seite und begann, das Buch auf die Armlehne des Sofas gelegt, zu lesen, und weil sie sich nach vorn und zur Seite beugte, zeichnete sich ihr Hintern unter der Kleidung ab – ich konnte seine Form klar erkennen, und es war eine eindeutige Aufforderung. Sie ist eine hoch gewachsene junge Frau in einem etwas zu schmalen Körper. Es ist, als würde ihr Körper ihr nicht ganz passen. Allerdings nicht, weil sie zu dick ist. Dabei ist sie keineswegs eine von diesen magersüchtigen Frauen. Man sieht das weibliche Fleisch, und es ist gutes Fleisch, es ist im Überfluss vorhanden – darum nimmt man es ja wahr. Sie lag nicht gerade hingestreckt auf dem Sofa, aber immerhin hatte sie mir ihren Hintern halb zugewandt. Ich kam zu dem Schluss: Eine Frau, die sich ihres Körpers so bewusst ist wie Consuela und etwas Derartiges tut, fordert mich auf zu beginnen. Der sexuelle Instinkt ist noch immer intakt – die kubanische Schicklichkeit hat keinen Einfluss darauf. An diesem mir halb zugewandten Hintern erkenne ich, dass sich dem reinen, unverfälschten Trieb nichts in den Weg stellt. Nichts von dem, worüber wir gesprochen haben, nichts von dem, was ich mir über ihre Familie habe anhören müssen, stellt sich dem Trieb in den Weg. Trotz allem weiß sie, wie sie mir ihren Hintern zuwenden muss. Auf die urtümliche Weise. Sie präsentiert. Und die Präsentation ist perfekt und verrät mir, dass ich den Drang, diesen Körper zu berühren, jetzt nicht mehr unterdrücken muss.

Ich begann, ihren Hintern zu streicheln, und das gefiel ihr. Sie sagte: «Das ist eine seltsame Situation. Ich kann nie deine Freundin sein. Aus allen möglichen Gründen. Du lebst in einer anderen Welt.» «In einer anderen Welt?» Ich lachte. «Inwiefern anders?» Und genau hier beginnt man natürlich zu lügen und sagt: «Meine Welt ist nicht so erhaben, falls du das meinst. Nicht so glamourös. Es ist nicht mal eine Welt. Ich bin einmal pro Woche im Fernsehen. Ich bin einmal pro Woche im Radio. Alle paar Wochen erscheint ein Artikel von mir auf den hinteren Seiten einer Zeitschrift, die von höchstens zwanzig Leuten gelesen wird. Meine Sendung? Eine Sonntagmorgen-Kultursendung. Niemand sieht sie sich an. Das ist keine Welt, über die man sich viele Gedanken machen müsste. Ich kann dich ganz leicht in sie einführen. Bitte bleib bei mir.«

Sie sieht aus, als dächte sie nach über das, was ich gesagt habe, aber was für Gedanken könnten das sein? «Na gut», sagt sie, «fürs Erste. Für heute Nacht. Aber ich kann nie deine Frau werden.» «Einverstanden», sagte ich, doch ich dachte: Wer hat sie denn auch gebeten, meine Frau zu werden? Wer hat diese Frage überhaupt aufgeworfen? Ich bin zweiundsechzig, und sie ist vierundzwanzig. Ich streichle bloß ihren Hintern, und sie sagt mir, dass sie nicht meine Frau werden kann? Ich wusste nicht, dass es solche Mädchen überhaupt noch gibt. Sie ist noch traditioneller, als ich dachte. Oder vielleicht eigenartiger, ungewöhnlicher, als ich dachte. Wie ich noch merken sollte, ist Consuela ganz gewöhnlich, aber nicht berechenbar. An ihrem Verhalten ist nichts Mechanisches. Sie ist präzise und geheimnisvoll zugleich und eigenartigerweise voller kleiner Überraschungen. Doch besonders damals, am Anfang unserer Affäre, war sie für mich schwer zu enträtseln, was ich irrtümlich – oder vielleicht auch nicht – ihrer kubanischen Herkunft zuschrieb. «Ich liebe meine heimelige kubanische Welt», sagte sie. «Ich liebe die Heimeligkeit meiner Familie, und ich merke jetzt schon, dass das nichts ist, was du magst oder was du willst. Und darum kann ich nie wirklich zu dir gehören.»

Diese naive Nettigkeit in Kombination mit ihrem phantastischen Körper war für mich so verlockend, dass ich mir selbst damals, in jener ersten Nacht, nicht sicher war, ob ich sie so vögeln konnte, als wäre sie eine zweite verspielte Miranda. Nein, Consuela war nicht das Geißlein, das sich in der Uhr versteckte. Was sie sagte, spielte keine Rolle – sie war so verdammt attraktiv, dass ich ihr nicht nur unmöglich widerstehen konnte, sondern es auch unvorstellbar fand, irgendeinem anderen Mann könne das gelingen, und so entstand in jenem Augenblick, da ich ihren Hintern streichelte und sie mir erklärte, sie könne nie meine Frau werden, meine schreckliche Eifersucht.

Die Eifersucht. Die Ungewissheit. Die Angst, sie zu verlieren, obgleich ich gerade auf ihr lag. Es waren Obsessionen, wie ich sie in meinem an Erfahrungen reichen Leben nie gekannt hatte. Bei Consuela geschah, was bei keiner anderen geschehen war: Mein Selbstvertrauen sackte beinahe sofort in sich zusammen.

Wir gingen also miteinander ins Bett. Es passierte ganz schnell, weniger wegen meiner Berauschtheit als vielmehr wegen ihres Mangels an Komplexität. Oder meinetwegen ihrer Klarheit. Ihrer noch ganz neuen Reife, auch wenn diese, wie ich finde, eher von der schlichten Art war: Sie hatte zu ihrem Körper eine so innige Beziehung, wie sie sie zur Kunst haben wollte, aber nicht haben konnte. Sie zog sich aus, und nicht nur ihre Bluse war aus Seide, sondern auch ihre Unterwäsche. Sie hatte geradezu unanständige Unterwäsche. Eine Überraschung. Man weiß, dass sie damit gefallen will. Man weiß, dass sie beim Kauf an den Blick eines Mannes gedacht hat, selbst für den Fall, dass kein Mann diese Unterwäsche je zu sehen bekommen würde. Man weiß, dass man keine Ahnung hat, was diese Frau ist, wie intelligent oder dumm sie ist, wie seicht oder tiefgründig, wie unschuldig oder hinterhältig, wie raffiniert, wie klug, wie verderbt womöglich. Bei einer zurückhaltenden Frau von solcher sexueller Kraft hat man keine Ahnung und wird auch nie eine Ahnung haben. Das Chaos, das ihr Wesen ausmacht, bleibt hinter ihrer Schönheit verborgen. Dennoch war ich zutiefst bewegt vom Anblick ihrer Unterwäsche. Ich war bewegt vom Anblick ihres Körpers. «Donnerwetter», sagte ich.

Es gibt zwei Dinge, die einem an Consuelas Körper auffallen. Erstens die Brüste. Die herrlichsten Brüste, die ich je gesehen habe, und ich bin, wie Sie wissen, 1930 geboren und habe eine Menge Brüste gesehen. Diese waren rund, voll, perfekt. Die Art von Brüsten, bei denen die Warzen wie Untertassen sind, nicht wie Zitzen. Große, blasse, rosigbraune Brustwarzen, so unerhört erregend. Das zweite war, dass sie glattes Schamhaar hatte. Normalerweise ist es kraus. Ihres aber wirkte wie das Schamhaar einer Asiatin. Glatt, anliegend und spärlich. Das Schamhaar ist wichtig, denn ich werde später noch einmal darauf zurückkommen.

Ja, ich schlug die Decke zurück, und sie stieg zu mir ins Bett: Consuela Castillo, das superklassische fruchtbare Weibchen unserer Säugetierspezies. Und schon bei diesem ersten Mal und mit erst vierundzwanzig Jahren war sie bereit, auf mir zu sitzen. Als sie dort saß, war sie sich ihrer selbst nicht so sicher: Bis ich ihren Arm tätschelte, um ihre Aufmerksamkeit zu erlangen, und ihr zu verstehen gab, sie solle langsamer machen, ging sie, ohne sich dessen bewusst zu sein, mit übermäßiger Energie zu Werke und wippte mit geschlossenen Augen auf mir herum, verloren in einem Kinderspiel, das sie sich selbst ausgedacht hatte. Es war ein bisschen wie zuvor, als sie so getan hatte, als dirigierte sie ein Orchester. Wahrscheinlich versuchte sie, sich ganz und gar hinzugeben, doch dafür war sie zu jung, und sosehr sie sich auch bemühte, es gelang ihr nicht.

Doch weil sie wusste, wie verführerisch ihre Brüste waren, und wollte, dass ich sie im besten Licht sah, stieg sie auf mich, als ich sie darum bat. Und sie tat etwas, was für ein erstes Mal ziemlich unanständig war, und zwar – zu meiner abermaligen Überraschung – aus eigenem Antrieb: Sie ließ ihre Brüste um meinen Schwanz spielen. Sie beugte sich vor und nahm meinen Schwanz zwischen ihre Brüste, damit ich gut sehen konnte, wie er dort eingebettet war, während sie sie mit beiden Händen zusammendrückte. Sie wusste, wie sehr dieser Anblick mich erregte: die Haut meines Schwanzes auf der Haut ihrer Brüste. Ich weiß noch, dass ich sagte: «Weißt du eigentlich, dass du die schönsten Brüste hast, die ich je gesehen habe?» Und wie die tüchtige, gewissenhafte Privatsekretärin, die ein Diktat aufnimmt, oder vielleicht wie die wohlerzogene kubanische Tochter antwortete sie: «Ja, das weiß ich. Ich sehe ja, wie du auf meine Brüste reagierst.»

Doch alles in allem war sie anfangs zu feurig. Sie gab sich zu große Mühe, ihren Lehrer zu beeindrucken. Mach langsamer, sagte ich, verlier mich nicht aus den Augen. Weniger Energie, mehr Verständnis. Du kannst die Sache viel subtiler steuern. Derbe Natürlichkeit hat vieles für sich, aber nicht, wenn sie so losgelöst ist. Als sie mir zum ersten Mal einen blies, bewegte sie ihren Kopf mit gleichmäßiger, maschinenhafter Geschwindigkeit auf und ab – es war unmöglich, nicht schneller zu kommen, als ich wollte, doch dann, als ich kam, hielt sie abrupt inne und ließ es in ihren Mund laufen, als wäre er ein Abfluss. Ebenso gut hätte ich in einen Papierkorb spritzen können. Niemand hatte ihr je gesagt, in diesem Augenblick nicht aufzuhören. Keiner ihrer fünf früheren Freunde hatte es gewagt, ihr das zu sagen. Sie waren zu jung gewesen. Sie waren in ihrem Alter gewesen. Sie waren froh gewesen, zu kriegen, was sie kriegen konnten.

Und dann geschah etwas. Der Biss. Es biss *zurück*. Das Leben biss zurück. Eines Abends überschritt Consuela die Grenzen ihrer behaglichen, gesitteten, gewohnheitsmäßigen Tüchtigkeit, ließ das Tutorium hinter sich und stürzte sich in das Abenteuer des Unbekannten, und damit begannen für mich die Turbulenzen unserer Affäre. Und so geschah es: Eines Nachts, als sie unter mir im Bett lag, ausgestreckt und passiv, und darauf wartete, dass ich ihre Beine spreizte und in sie eindrang, schob ich ihr ein paar Kissen unter den Kopf, sodass sie halb aufgerichtet am Kopfende des Bettes lehnte, und dann beugte ich mich, die Knie zu beiden Seiten des Körpers und den Hintern in Höhe der Brust, über ihr Gesicht und begann, sie rhythmisch und unablässig in den Mund zu ficken. Die mechanische Art, wie sie mir einen blies, langweilte mich derart, müssen Sie wissen, dass ich sie, um sie zu schockieren, einfach festhielt, indem ich ihr Haar packte, indem ich eine Strähne um meine Hand wickelte wie einen Riemen, wie einen Gurt, wie den Zügel, der die Kandare hält.

Nun findet keine Frau wirklichen Gefallen daran, an den Haaren gezogen zu werden. Gewiss, für einige ist es erregend, aber das heißt nicht, dass sie es mögen. Sie mögen es nicht, weil sich dann nicht mehr leugnen lässt, dass hier eine Dominierung stattfindet, die stattfinden muss und die sie denken lässt: Genau so hatte ich mir Sex vorgestellt. Es *ist* roh – dieser Mann ist kein Rohling, aber er fährt auf Rohheit ab. Als ich gekommen war und meinen Schwanz zurückzog, sah Consuela mich nicht nur entsetzt, sondern regelrecht wütend an. Ja, endlich tut sich etwas bei ihr. Es ist nicht mehr so beschaulich. Sie übt keine Tonleitern mehr. Sie ist aufgewühlt und nicht imstande, sich zu beherrschen. Ich kniete noch immer über ihr und ließ es auf sie tropfen, und wir sahen einander kalt in die Augen, als sie, nachdem sie trocken geschluckt hatte, die Zähne kräftig aufeinander biss. Unvermittelt. Grausam. Sie meinte mich. Es war nicht gespielt. Es war instinktiv. Sie schnappte zu, indem sie die volle Kraft ihrer Kaumuskeln einsetzte, um den Unterkiefer ruckartig hochzuklappen. Es war, als wollte sie mir sagen: Das ist es, was ich hätte tun können, was ich tun wollte und nicht getan habe.

Endlich die freimütige, klare, elementare Reaktion der zurückhaltenden klassischen Schönheit. Bis dahin war alles beherrscht gewesen von Narzissmus und Exhibitionismus, seltsam leblos, trotz der Kühnheit und der Zurschaustellung von Energie. Ich weiß nicht, ob Consuela sich an diesen Biss erinnert, aber ich werde ihn nie vergessen, diesen aktivierenden Biss, der sie von der Selbstbeobachtung befreite und ihr Zugang zu dem dunklen Traum verschaffte. Zu der ganzen Wahrheit der Liebe. Die instinktgesteuerte Frau, die nicht nur die Fesseln ihrer Eitelkeit sprengte, sondern auch aus dem Gefängnis ihres heimeligen kubanischen Elternhauses ausbrach. Es war der eigentliche Beginn ihrer Dominanz – der Dominanz, zu der meine eigene Dominanz ihr verholfen hatte. Ich bin der Urheber ihrer Dominanz über mich.

Ich halte es für möglich, dass Consuela glaubte, in mir

eine Version der Kultiviertheit ihrer Familie gefunden zu haben, die sie besitzen konnte, jener unwiederbringlich verlorenen aristokratischen Vergangenheit, die für sie mehr oder weniger ein Mythos ist. Einen Mann von Welt. Eine kulturelle Autorität. Ihren Lehrer. Die meisten Menschen finden diesen gewaltigen Altersunterschied abstoßend, doch gerade ihn findet Consuela besonders attraktiv. Die meisten Menschen bemerken nur die erotische Merkwürdigkeit, die für sie eine Widerwärtigkeit ist, eine widerwärtige Farce. Für Consuela jedoch hat mein Alter eine große Bedeutung. Diese jungen Frauen, die mit alten Männern zusammen sind, tun es nicht trotz des Alters – nein, sie fühlen sich vom Alter angezogen, sie tun es *wegen* des Alters. Warum? In Consuelas Fall wohl darum, weil der riesige Altersunterschied es ihr erlaubt, sich zu fügen. Mein Alter und mein Status geben ihr die vernunftmäßig nachvollziehbare Erlaubnis, sich zu unterwerfen, und im Bett ist Unterwerfung kein unangenehmes Gefühl. Doch sich in intimer Hinsicht einem viel, viel älteren Mann zu überlassen, verleiht einer solchen jungen Frau zugleich auch eine Autorität, die sie in einer sexuellen Beziehung mit einem jüngeren Mann nicht haben kann. Sie kommt ebenso in den Genuss der Unterwerfung wie in den Genuss der Dominanz. Was bedeutet es schon für eine so offenkundig begehrenswerte Frau, wenn ein junger Mann sich ihrer Macht unterwirft? Aber was ist, wenn ein Mann von Welt sich ihr unterwirft, einzig und allein, weil sie die Macht der Jugend und der Schönheit besitzt? Dass sie Gegenstand seines uneingeschränkten Interesses ist, dass sie die Leidenschaft eines Mannes geweckt hat, der in jedem anderen Zusammenhang unerreichbar wäre, dass sie Zugang zu einem Leben gefunden hat, das sie bewundert und das ihr sonst verschlossen bleiben würde – das ist Macht, das ist die Macht, nach der es sie verlangt. Die Dominanz wechselt nicht in regelmäßiger Folge – sie wechselt *fortwährend*. Es ist nicht so sehr ein Wechsel als vielmehr eine Verflechtung. Und darin liegt die Ursache nicht nur meiner Obsession für sie, sondern auch ihrer Obsession für mich. Das jedenfalls dachte ich damals, auch wenn es mir bei meinem Bemühen, zu verstehen, was ihre Beweggründe waren und warum ich immer tiefer in diese Obsession hineingeriet, nicht viel weiterhalf.

Ganz gleich, wie viel man weiß, ganz gleich, wie viel man nachdenkt, ganz gleich, wie viel man erwägt und plant und sich vornimmt – man kann sich nicht über den Sex erheben. Es ist ein sehr riskantes Spiel. Ein Mann hätte nicht mal zwei Drittel der Probleme, die er hat, wenn er nicht danach trachten würde zu vögeln. Sex ist das, was unser normalerweise geordnetes Leben in Unordnung bringt. Das weiß ich so gut wie jeder andere. Jede kleine Eitelkeit kehrt zurück, um einen zu verspotten. Lesen Sie Byrons *Don Juan*. Aber was soll man machen, wenn man zweiundsechzig ist und glaubt, dass man nie wieder etwas so Perfektes in Händen halten wird? Was soll man machen, wenn man zweiundsechzig ist und der Drang, das zu ergreifen, was noch greifbar ist, nicht stärker sein könnte? Was soll man machen, wenn man zweiundsechzig ist und all die Körperteile, die bisher unauffällig waren (Nieren, Lunge, Venen, Arterien, Gehirn, Därme, Prostata, Herz) im Begriff sind, sich Besorgnis erregend bemerkbar zu machen, während das Organ, das sich ein Leben lang mehr als alle anderen bemerkbar gemacht hat, dazu verurteilt ist, zur Bedeutungslosigkeit zu verkümmern?

Verstehen Sie mich nicht falsch. Es ist nicht so, als könnte man sich mit Hilfe einer Consuela vorgaukeln, hier biete sich eine letzte Gelegenheit zu einer Rückkehr in die Jugend. Der Unterschied zur Jugend ist nie spürbarer. Ihre Energie, ihre Begeisterung, ihr jugendliches Unwissen, ihr jugendliches *Wissen* lassen den Unterschied in jeder Sekunde deutlich hervortreten. Man kann sich nie darüber hinwegtäuschen, dass *sie* die Vierundzwanzigjährige ist. Man müsste schon ein Idiot sein, um sich jung zu fühlen. Wenn man sich jung fühlen würde, wäre alles ganz leicht. Aber man fühlt sich keineswegs jung – vielmehr empfindet man schmerzlich, wie unbegrenzt ihre Zukunft im Vergleich zu der eigenen, begrenzten ist, und man spürt noch schmerzlicher als sonst alles, was einem nicht gewährt wurde. Es ist, als würde man mit ein paar Zwanzigjährigen Baseball spielen. Man fühlt sich nicht wie zwanzig, bloß weil man mit ihnen spielt. Man spürt in jeder Sekunde den Unterschied zwischen ihnen und einem selbst. Aber wenigstens sitzt man nicht am Spielfeldrand.

Nein, es ist so: Man spürt voller Qual, wie alt man ist, aber man spürt es auf eine neue Weise.

Können Sie sich vorstellen, wie es ist, alt zu sein? Natürlich können Sie das nicht. Ich jedenfalls konnte es nicht. Ich hatte keine Ahnung, wie es sein würde. Ich hatte nicht einmal ein falsches Bild – ich hatte gar keins. Und etwas anderes will ja auch niemand. Niemand will sich dem Alter stellen müssen, bevor er es muss. Wie wird es sein? Beschränktheit ist unerlässlich.

Es ist verständlich, dass jedes zukünftige Lebensstadium unvorstellbar ist. Manchmal hat man eines bereits halb durchschritten, bevor man überhaupt merkt, dass man darin eingetreten ist. Außerdem bieten frühere Stadien einen gewissen Ausgleich. Dennoch hat die Mitte des Lebens für viele etwas Erschreckendes. Aber das Ende? Interessanterweise ist es das erste Lebensstadium, das man von außen betrachten kann, während man sich darin befindet. Man beobachtet (wenn man so viel Glück hat wie ich) seinen eigenen Verfall und hat, aufgrund seiner anhaltenden Vitalität, zugleich einen erheblichen Abstand zu diesem Verfall – ja man fühlt sich sogar unbeschwert und ganz und gar nicht davon betroffen. Gewiss, es gibt eine zunehmende Anzahl von Zeichen, die auf das unangenehme Ende hindeuten, und dennoch betrachtet man das alles von außen. Die Grausamkeit dieser Objektivität ist erbarmungslos.

Man muss zwischen Sterben und Tod unterscheiden. Das Sterben ist kein ununterbrochener Prozess. Wenn man gesund ist und sich wohl fühlt, ist das Sterben nicht wahrnehmbar. Das Ende ist gewiss, kündigt sich aber nicht unbedingt auffällig an. Nein, man kann es nicht verstehen. Solange man selbst nicht alt ist, versteht man nur, dass die Zeit den Alten ihren Stempel aufgedrückt hat. Doch wenn das alles ist, was man versteht, fixiert man sie in der Zeit, und das bedeutet, dass man eigentlich überhaupt nichts versteht. Alt zu sein bedeutet für alle, die noch nicht alt sind, dass man *gewesen ist.* Aber wenn Sie alt sind, bedeutet es, dass Sie trotz Ihrer Gewesenheit, zusätzlich zu Ihrer Gewesenheit, über Ihre Gewesenheit hinaus noch immer *sind*. Ihre Gewesenheit ist sehr lebendig. Sie *sind* noch immer, und dieses Noch-immer-Sein und seine Fülle verfolgen Sie ebenso wie die Gewesenheit, die Vergangenheit. Stellen Sie sich das Alter so vor: Es ist eine alltägliche Tatsache, dass Ihr Leben auf dem Spiel steht. Sie können dem Wissen um das, was Sie in Kürze erwartet, nicht entgehen. Die Stille, die Sie für alle Ewigkeit umgeben wird. Davon abgesehen ist alles wie immer. Davon abgesehen ist man unsterblich, solange man lebt.

Vor nicht allzu langer Zeit gab es eine vorgegebene Art, alt zu sein, so wie es eine vorgegebene Art gab, jung zu sein. Das gilt heute nicht mehr. Hier hat ein großer Kampf um das Zulässige stattgefunden – und auch eine große Umwälzung. Dennoch: Sollte sich ein Mann von siebzig noch immer in den fleischlichen Aspekt der menschlichen Komödie verstricken lassen? Sollte er ungerührt darauf beharren, ein unkeuscher alter Mann zu sein, noch immer empfänglich für das, was Menschen erregt? Das ist nicht der Zustand, den einst Schaukelstuhl und Pfeife symbolisierten. Vielleicht stellt es auch heute noch einen gewissen Affront dar, sich nicht nach den althergebrachten Vorstellungen zu richten. Mir ist klar, dass ich nicht auf die in der Tugend begründete Achtung anderer Erwachsener rechnen kann. Aber was kann ich daran ändern, dass – soweit ich es erkennen kann – *nichts* je zur Ruhe kommt, ganz gleich, wie alt man ist?

Nach dem Biss besuchte sie mich sehr selbstverständlich. Sobald sie begriffen hatte, wie leicht sie alles steuern konnte, ging es nicht mehr um abendliche Verabredungen und anschließendes Vögeln. Sie rief einfach an und sagte: «Kann ich für ein paar Stunden vorbeikommen?» Sie wusste, dass ich niemals nein sagte, so wie sie wusste, dass sie sich nur auszuziehen brauchte, dass sie nur dazustehen brauchte, um mich sagen zu hören: «Donnerwetter», als wäre sie ein Picasso. Ich, ihr Professor für Praktische Kritik, der sonntagmorgendliche Radioästhet, die unangefochtene Autorität des New Yorker Lokalfernsehens in Hinblick auf die Frage, was man im Augenblick sehen, hören und lesen sollte – ich hatte sie zu einem großen Kunstwerk erklärt und ihr all den magischen Einfluss eines großen Kunstwerks zugeschrieben. Den Einfluss, den nicht der Künstler selbst hat, sondern das Kunstwerk. Hier gab es nichts, was sie nicht verstehen konnte – sie brauchte nur da zu sein, sichtbar zu sein, und das Verständnis ihrer Bedeutung strömte aus mir hervor. Von ihr wurde keinerlei Selbstverständnis erwartet, ebenso wenig wie von einem Violinkonzert oder dem Mond. Dafür war ich da: Ich war Consuelas Bewusstsein ihrer selbst. Ich war die Katze, die den Goldfisch beobachtet. Nur dass es in diesem Fall der Goldfisch war, der die Zähne hatte.

Die Eifersucht. Dieses Gift. Und dabei gibt es keinen Anlass. Ich bin sogar eifersüchtig, wenn sie mir erzählt, dass sie mit ihrem achtzehnjährigen Bruder zum Schlittschuhlaufen gehen will. Wird er derjenige sein, der sie mir stiehlt? Bei diesen obsessionellen Liebesaffären ist man nicht so selbstbewusst wie sonst, nicht, wenn man sich mitten in diesem Strudel befindet, und nicht, wenn das Alter der Frau ein Drittel des eigenen beträgt. Ich bin besorgt, wenn wir nicht jeden Tag einmal miteinander telefonieren, und nachdem wir miteinander telefoniert haben, bin ich ebenfalls besorgt. Wenn Frauen früher regelmäßige Telefongespräche verlangt haben, wenn sie mich ständig angerufen haben, wie ich es jetzt tue, habe ich mich von ihnen getrennt – und jetzt bin ich es, der diese Gespräche verlangt: Sie sind die tägliche Dosis, die ich per Telefon bekomme. Warum schmeichle ich ihr bei diesen Gesprächen? Warum höre ich nicht auf, ihr zu sagen, wie vollkommen sie ist? Warum habe ich immer das Gefühl, dass das, was ich zu ihr sage, falsch ist? Ich bin nicht imstande, herauszufinden, was sie von mir hält, was sie von irgendetwas hält, und meine Verwirrung lässt mich Dinge sagen, die für meine Ohren falsch oder übertrieben klingen, und so habe ich, wenn ich aufgelegt habe, eine stille Wut auf sie. Doch an den seltenen Tagen, an denen ich es schaffe, mich so weit zu beherrschen, dass ich nicht mit ihr spreche, sie nicht anrufe, ihr nicht schmeichle, nicht falsch klinge, ihr nicht insgeheim vorwerfe, was sie mir unwissentlich antut – an diesen seltenen Tagen ist es noch schlimmer. Egal, was ich tue – ich kann nicht damit aufhören, und alles, was ich tue, regt mich auf. In Hinblick auf Consuela fehlt mir die Autorität, die ich für mein inneres Gleichgewicht brauche, und dabei kommt sie gerade wegen dieser Autorität zu mir.

An den Abenden, an denen sie nicht bei mir ist, bin ich außer mir bei dem Gedanken daran, wo sie jetzt sein mag und was sie gerade vorhat. Aber selbst wenn sie einen ganzen Abend lang bei mir gewesen und dann nach Hause gegangen ist, kann ich nicht schlafen. Die Empfindung ist einfach zu stark. Ich setze mich mitten in der Nacht im Bett auf und rufe: «Consuela Castillo, lass mich in Ruhe!» Es reicht, sage ich zu mir. Steh auf, bezieh das Bett neu, dusche noch einmal, befreie dich von ihrem Duft, *und dann befreie dich von ihr!* Du musst es tun. Es ist eine endlose Sache geworden. Wo bleibt die Erfüllung, das Gefühl, zu besitzen? Warum kannst du sie nicht haben, wenn du sie hast? Selbst wenn du kriegst, was du willst, kriegst du nicht das, was du willst. Du findest darin keinen Frieden, und du wirst ihn nie finden, und zwar wegen eures Alters und der unvermeidlichen Wehmut. Wegen eures Alters hast du den Genuss, aber du verlierst nie die Sehnsucht. War dies noch nie geschehen? Nein. Ich war noch nie zweiundsechzig gewesen. Ich befand mich nicht mehr in jener Phase des Lebens, in der ich dachte, ich wäre zu allem imstande. Doch ich erinnerte mich deutlich. Man sieht eine schöne Frau. Man sieht sie auf einen Kilometer Entfernung. Man geht zu ihr und sagt: «Wer sind Sie?» Man lädt sie zum Abendessen ein. Und so weiter. Jene Phase also, in der man sich keine Sorgen macht. Man steigt in einen Bus. Eine so überwältigend schöne Frau, dass jeder Angst hat, sich neben sie zu setzen. Der Platz neben der schönsten Frau der Welt ist frei. Also setzt man sich dorthin. Aber jetzt ist nicht damals, und es wird nie ruhig, es wird nie friedlich sein. Ich machte mir Sorgen, weil sie in dieser Bluse herumlief. Man zieht ihr das Jackett aus, und da ist die Bluse. Man zieht ihr die Bluse aus, und da ist die Vollkommenheit.

Ein junger Mann wird sie finden und sie mir wegnehmen. Mir, der ich ihre Sinne geweckt habe, der ich ihr Format gegeben habe, der ich der Katalysator ihrer Emanzipation war und sie für ihn vorbereitet habe.

Woher weiß ich, dass ein junger Mann sie mir wegnehmen wird? Weil ich einst der junge Mann war, der es getan hätte.

In jüngeren Jahren war ich nicht so anfällig. Andere wurden leichter eifersüchtig, doch mir gelang es, mich davor zu schützen. Ich ließ ihnen ihren Willen und war zuversichtlich, mich durch sexuelle Dominanz durchsetzen zu können. Aber Eifersucht ist natürlich die Falltür, die zum Kontrakt führt. Männer reagieren auf Eifersucht, indem sie sagen: «Kein anderer soll sie haben. Ich werde sie haben – ich werde sie heiraten. So werde ich sie einfangen: mit Hilfe der Konvention.» Die Ehe heilt die Eifersucht. Deswegen streben viele Männer danach. Weil sie sich der Frau nicht sicher sein können, bringen sie sie dazu, den Kontrakt zu unterschreiben: *Ich werde nicht et cetera.*

Wie kann ich Consuela einfangen? Der Gedanke ist moralisch erniedrigend, und doch ist er da. Ich werde sie gewiss nicht halten können, indem ich sie frage, ob sie meine Frau werden will, doch auf welche andere Weise kann man in meinem Alter eine junge Frau halten? Was kann ich ihr in dieser Milch-und-Honig-Gesellschaft, in der es einen freien Markt für Sex gibt, stattdessen bieten? Und daher ist das der Punkt, an dem die Pornographie beginnt. Die Pornographie der Eifersucht. Die Pornographie der eigenen Zerstörung. Ich bin fasziniert, ich bin gefesselt, aber ich bin *außerhalb* des Bildes. Was ist es, das mich außerhalb stellt? Das Alter. Die Wunde des Alters. Pornographie in ihrer klassischen Form ist etwa fünf oder zehn Minuten lang erregend – dann wird sie irgendwie komisch. Doch bei dieser Art von Pornographie sind die Bilder extrem schmerzhaft. Gewöhnliche Pornographie ist die Ästhetisierung der Eifersucht. Sie lindert die Qual. Was? Wieso «Ästhetisierung»? Warum nicht «Anästhesierung»? Nun, vielleicht ist sie beides. Gewöhnliche Pornographie ist eine Darstellung. Sie ist eine korrumpierte Kunstform. Sie ist nicht bloß eine Illusion, sondern durch und durch unecht. Man begehrt die Frau in einem Pornofilm, doch man ist nicht eifersüchtig auf den Mann, der sie vögelt, weil er ein Ersatz für einen selbst ist. Recht erstaunlich, aber das ist die Kraft, die sogar eine korrumpierte Kunstform besitzt. Er wird zu einem Stellvertreter, der einem zu Diensten ist; das mildert den Schmerz und verwandelt ihn in etwas Angenehmes. Weil man ein unsichtbarer Komplize ist, beendet gewöhnliche Pornographie die Tortur, wogegen meine Pornographie die Tortur fortsetzt. In meiner Pornographie identifiziert man sich nicht mit dem, der sein Verlangen stillt und befriedigt wird, sondern mit dem, der nicht befriedigt wird, der verliert, der verloren hat.

*Ein junger Mann wird sie finden und sie mir wegnehmen.* Ich sehe ihn. Ich kenne ihn. Ich weiß, wozu er imstande ist, denn er ist ich mit fünfundzwanzig, noch ohne Frau und Kind; er ist ich im Rohzustand, bevor ich tat, was alle tun. Ich sehe, wie er sie beobachtet, während sie die große Plaza am Lincoln Center überquert – während sie über die Plaza *schreitet*. Er ist hinter einer Säule verborgen und sieht ihr zu, wie ich es an jenem Abend tat, als ich sie zu ihrem ersten Beethoven-Konzert ausführte. Sie trägt Stiefel, hohe Lederstiefel und ein kurzes Kleid, das ihre Figur betont: eine umwerfende junge Frau, die an einem warmen Herbstabend draußen unterwegs ist, die ganz unbefangen durch die Straßen geht, damit alle Welt sie bewundern und begehren kann – und sie lächelt. Sie ist glücklich. Diese umwerfende Frau wird sich gleich mit mir treffen. Nur dass sie sich in diesem pornographischen Film nicht mit mir treffen wird, sondern mit ihm. Mit dem, der ich einst war, aber nicht mehr bin. Ich beobachte ihn, während er sie beobachtet, und weiß bis in die letzte Einzelheit, was als Nächstes passieren wird. Ich stelle es mir vor, und es ist unmöglich, die Gedanken in den Bahnen dessen zu halten, was man vernünftigerweise als das eigene Interesse auffasst. Es ist unmöglich zu denken, dass nicht jeder bei dieser Frau mit solchen Gefühlen zu kämpfen hat, weil nicht jeder von ihr besessen ist. Nein, man kann sich nicht vorstellen, dass sie irgendwohin geht. Man kann sie sich nicht auf der Straße, in einem Geschäft, auf einer Party, am Strand vorstellen, ohne diesen Kerl aus dem Schatten treten zu sehen. Die pornographische Qual: einem anderen, der man einst selbst war, dabei zuzusehen.

Wenn man eine Frau wie Consuela schließlich verliert, passiert einem das überall, an all den Orten, an denen man mit ihr zusammen war. Wenn sie fort ist, dann ist es geradezu unheimlich: Man sieht sie vor sich an diesen Orten, man sieht die Leerstelle dort, wo man selbst war, man sieht die Frau so, wie sie war, als man sie noch hatte, nur ist sie jetzt mit dem Fünfundzwanzigjährigen zusammen, der man nicht mehr ist. Man stellt sich vor, wie sie in dem kurzen, die Figur betonenden Kleid schreitet. Wie sie auf einen zuschreitet. Aphrodite. Dann ist sie vorbei, sie ist fort, und die Pornographie gerät außer Kontrolle.

Ich erkundige mich nach ihren Freunden (doch was soll dieses Wissen mir schon bringen?), ich frage sie, mit wie vielen sie vor mir ins Bett gegangen ist und wann sie damit angefangen hat und ob sie jemals mit einer anderen Frau oder mit zwei Männern auf einmal (oder mit einem Pferd, einem Papagei, einem Affen) geschlafen hat, und das war der Augenblick, in dem sie mir sagte, es seien nur fünf gewesen. So attraktiv, so gepflegt und bezaubernd sie auch war – für ein modernes junges Mädchen hatte sie relativ wenige Freunde gehabt. Der mäßigende Einfluss ihrer reichen, respektablen kubanischen Familie (das heißt, wenn sie die Wahrheit sagt). Und ihr letzter Freund war ein beschränkter Kommilitone, der sie nicht mal richtig vögeln konnte und sich nur auf seinen eigenen Orgasmus konzentrierte. Die alte dumme Leier. Kein Mann, der die Frauen liebte.

In ihren moralischen Anschauungen war sie übrigens nicht konsequent. Ich weiß noch, dass der Dichter George O'Hearn, der sein Leben lang mit derselben Frau verheiratet gewesen war, damals eine Geliebte hatte, die in Consuelas Nachbarschaft wohnte. Er saß mit ihr in einem Café in der Innenstadt und frühstückte, und Consuela sah die beiden und regte sich auf. Sie erkannte ihn von dem Bild auf der Rückseite seines neuesten Buches, das auf meinem Nachttisch lag, und sie wusste, dass ich ihn kannte. Abends kam sie zu mir. «Ich habe deinen Freund gesehen. Er hat um acht Uhr morgens mit einer jungen Frau in einem Café gesessen und sie geküsst – und dabei ist er verheiratet.» In diesen Dingen war sie so berechenbar banal, während sie in ihrer Affäre mit einem achtunddreißig Jahre älteren Mann so tat, als hätte sie sich von allen Konventionen gelöst. Da sie insgeheim unsicher war und manchmal den Boden unter den Füßen verlor, konnte es gar nicht anders sein; dennoch widerfuhr ihr etwas Besonderes, ein großes, unvorhergesehenes Ersatz-Etwas, das ihrer Eitelkeit schmeichelte, ihr Selbstbewusstsein stärkte und ihr Leben (im Gegensatz zu meinem) nicht auf den Kopf zu stellen schien.

Bei einem meiner Verhöre erzählte mir Consuela, auf der High School habe sie einen Freund gehabt, der sich leidenschaftlich gewünscht habe, sie menstruieren zu sehen. Immer wenn sie ihre Periode bekam, musste sie ihn anrufen. Dann kam er sofort zu ihr, und sie stand da, und er sah zu, wie das Blut ihre Beine hinunter- und auf den Boden lief. «Das hast du für ihn getan?«, fragte ich. «Ja.» «Und deine Familie? Was war mit deiner konservativen Familie? Du warst fünfzehn, du musstest im Sommer um acht Uhr abends zu Hause sein, und trotzdem hast du das getan? Deine Großmutter war eine Herzogin», sagte ich, «und hat ihren Rosenkranz geliebt, und trotzdem hast du das getan?» «Ich war nicht mehr fünfzehn. Ich war damals schon sechzehn.» «Sechzehn. Ach so. Das erklärt alles. Und wie oft hast du das getan?» «Immer wenn ich meine

Periode hatte. Jeden Monat», sagte sie. «Und wer war der Junge? Ich dachte, Jungen durften dein Zimmer nicht betreten. Wer war er? Wer *ist* er?»

Ein salonfähiger junger Mann. Ebenfalls Kubaner. Carlos Alonso. Ein sehr wohlerzogener, anständiger Junge, der in Anzug und Krawatte erschien, wenn er Consuela abholte, und nie einfach vorfuhr und auf die Hupe drückte, sondern hereinkam und ihre Eltern begrüßte, auf dem Sofa Platz nahm und sich mit ihnen unterhielt, ein zurückhaltender Junge aus einer guten Familie, die sich ihres gesellschaftlichen Status überaus bewusst war. Wie in ihrer eigenen Familie genießt der Vater großen Respekt, alle sind sehr gebildet, alle sprechen fließend zwei Sprachen, die Kinder besuchen die richtigen Schulen, die Eltern sind Mitglied im richtigen Country Club, man liest *El Diario* und den *Bergen Record*, man liebt Reagan und Bush, man hasst Kennedy: Reiche Kubaner zur Rechten von Ludwig XIV., mit Wohnsitz in New Jersey – und Carlos ruft sie an und sagt: Krieg deine Periode nicht ohne mich.

Man muss sich das vorstellen. Nach der Schule, das Badezimmer, ein Vorort in Bergen County, und die beiden sind von Consuelas Ausfluss so fasziniert, als wären sie Adam und Eva. Denn auch Carlos ist verzaubert. Auch er weiß, dass sie ein Kunstwerk ist, der seltene Glücksfall einer Frau, die ein Kunstwerk, ein klassisches Kunstwerk ist, Schönheit in ihrer klassischen Form, nur lebendig, lebendig – und was, liebe Schüler, ist die ästhetische Reaktion auf lebendige Schönheit? Begehren. Ja, Carlos ist ihr Spiegel. Männer sind schon immer ihr Spiegel gewesen.

Sie wollen ihr sogar beim Menstruieren zusehen. Sie ist der weibliche Zauber, dem Männer sich nicht entziehen können. Ihr kultureller Firnis ist die erstklassige kubanische Vergangenheit, aber ihre Ermächtigungen entspringen ihrer Eitelkeit. Ihre Ermächtigungen entspringen dem Blick in den Spiegel und dem Satz: «Jemand anders muss das sehen.»

«Ruf *mich* an, wenn du deine Periode kriegst», sagte ich zu ihr. «Ich will, dass du herkommst. Ich will das *auch* sehen.»

Auch. So unverhohlen ist die Eifersucht, so fieberhaft ist das Begehren – und so kam es beinahe zu einer Katastrophe.

Ich hatte inzwischen nämlich eine Affäre mit einer sehr attraktiven, sehr starken, verantwortungsbewussten Frau begonnen – ohne alte Wunden, die sie behinderten, ohne Laster oder exzentrische Ansichten, mit einem wachen Verstand, in jeder Hinsicht verlässlich, zu unironisch, um unbeschwert witzig zu sein, aber eine sinnliche, kundige, aufmerksame Liebhaberin. Carolyn Lyons. Vor vielen Jahren, Mitte der Siebziger, war auch sie meine Studentin gewesen. In der Zwischenzeit hatte jedoch keiner von uns nach dem anderen gesucht, und darum umarmten wir uns, als Carolyn eines Morgens auf dem Weg zur Arbeit war und wir uns zufällig auf der Straße begegneten, und hielten einander umschlungen, als hätte uns damals eine Katastrophe für die nächsten vierundzwanzig Jahre getrennt (und nicht ihr Umzug nach Kalifornien, wo sie Jura studieren wollte). Jeder erklärte, der andere sehe großartig aus; wir erinnerten uns lachend an eine wilde

Nacht in meinem Büro, als sie neunzehn gewesen war, sagten allerlei Zärtliches über unsere gemeinsame Vergangenheit und verabredeten uns sogleich für den nächsten Abend zum Essen.

Carolyn war noch immer schön: ein strahlendes Gesicht mit ausgeprägten Zügen, auch wenn ihre ziemlich großen Tränensäcke unter den blassgrauen Augen inzwischen pergamenten und faltig waren, und zwar, wie ich vermutete, nicht so sehr wegen ihrer chronischen Schlaflosigkeit als vielmehr infolge jener Häufung von Enttäuschungen, wie man sie in den Biographien erfolgreicher berufstätiger Frauen in den Vierzigern, deren Abendessen meist in Plastik verpackt von einem Immigranten an die Tür ihrer Manhattaner Wohnung geliefert wird, nicht selten findet. Und ihr Körper nahm mehr Raum ein als früher. Zwei Scheidungen, keine Kinder, eine anspruchsvolle, sehr gut bezahlte Tätigkeit, die zahlreiche Reisen ins Ausland erforderte – all das summierte sich zu fünfunddreißig Pfund. Als wir ins Bett gingen, flüsterte sie: «Ich bin nicht mehr dieselbe», worauf ich antwortete: «Glaubst du, ich etwa?» – und das war alles, was zu diesem Thema gesagt wurde.

Während des Grundstudiums hatte Carolyn sich ihr Zimmer mit einer der Unruhestifterinnen der Universität geteilt, einer charismatischen Rebellin à la Abbie Hoffman. Sie hieß Janie Wyatt und stammte aus Manhasset, und der Titel der faszinierenden Hauptseminararbeit, die sie für mich schrieb, lautete: «Hundert Arten perversen Verhaltens in der Bibliothek». Ich zitiere den ersten Satz: «Die Quintessenz ist die Fellatio in der Bibliothek: Das geheiligte Vergehen, die schwarze Messe in der Universität.» Janie wog etwa hundert Pfund und war kaum größer als einsfünfundfünfzig – eine kleine Blondine, die aussah, als könnte man sie hochheben und ein bisschen herumwerfen, und sie war die dunkle Diva der Universität.

Damals bewunderte Carolyn sie. Sie sagte zu mir: «Janie hat so viele Affären. Man ist in irgendeiner Wohnung, der Wohnung eines Doktoranden oder Assistenten, und im Badezimmer stößt man auf Janies Unterwäsche, die an den Wasserhähnen der Dusche zum Trocknen aufgehängt ist.» Carolyn erzählte mir, dass Studenten, die Lust auf Sex hatten, die über das Universitätsgelände gingen und mit einem Mal Lust auf Sex verspürten, sie einfach anriefen, und wenn sie ebenfalls Lust hatte, war alles klar. Sie waren vielleicht gerade irgendwohin unterwegs, hielten plötzlich inne, sagten: «Ich glaube, ich rufe mal Janie an» und ließen die nächste Seminarsitzung sausen. Viele Dozenten runzelten über diese sexuelle Freimütigkeit die Stirn und setzten sie mit Dummheit gleich. Selbst einige der Studenten bezeichneten Janie als Schlampe, gingen aber dennoch mit ihr ins Bett. Doch sie war weder dumm noch war sie eine Schlampe. Janie war eine Frau, die wusste, was sie tat. Sie baute sich, so klein sie war, vor einem auf – die Füße ein Stück auseinander und fest auf dem Boden, viele Sommersprossen, kurzes blondes Haar, kein Make-up bis auf den leuchtend roten Lippenstift –, und ihr breites, offenes Bekennergrinsen sagte: So bin ich, das mache ich, und wenn dir das nicht passt, dann hast du eben Pech gehabt.

Womit verblüffte Janie mich am meisten? Damals, als die Studentenrevolte gerade erst begann, gab es vieles, was sie als ein neues, bemerkenswertes Wesen aus der Menge heraushob. Seltsamerweise verblüffte sie mich mit etwas, was angesichts der Fortschritte, die Frauen in puncto Beherztheit seither gemacht haben, heute vielleicht gar nicht mehr so auffällig wäre und nicht unbedingt im Widerspruch zu der trotzigen Extravaganz ihrer öffentlichen Selbstdarstellung stand. Sie verblüffte mich am meisten, indem sie den schüchternsten Mann der ganzen Universität verführte: unseren Dichter. Solche Verbindungen zwischen Dozenten und Studenten sorgten für Aufregung, nicht nur, weil sie neu waren, sondern auch, weil sie nicht geheim gehalten wurden, und meine Ehe war nicht die einzige, die ihnen zum Opfer fiel. Der Dichter verfügte nicht über die Fähigkeiten, mit denen andere Menschen ihr Vorankommen in der Welt sichern. Sein Egoismus galt einzig und allein der Sprache. Er starb schließlich in relativ jungen Jahren am Alkohol, denn er, der im freundlichen Amerika ganz auf sich allein gestellt war, konnte nur durch Alkohol untergehen. Er war verheiratet und hatte zwei Kinder, und wenn er nicht hinter dem Pult stand und faszinierende Vorlesungen über Dichtung hielt, war er so schüchtern, wie man es nur sein kann. Dass es jemandem gelingen könnte, diesen Mann aus dem Schatten ins Licht zu locken, war für alle unvorstellbar. Nur für Janie nicht. Es geschah auf einer Party. Viele Studenten, männliche wie weibliche, wären dem Dichter gern näher gekommen. Die intelligenten Frauen waren allesamt verliebt in ihn, diesen romantischen Fremden aus dem Leben, doch er schien zu allen Distanz zu halten. Bis Janie auf der Party zu ihm ging, ihn an der

Hand nahm und sagte: «Lass uns tanzen» – und schon hatte sie ihn abgeschleppt. Es war, als wäre es für ihn ganz natürlich, ihr zu vertrauen. Die kleine Janie Wyatt: Wir sind alle gleich, wir sind alle frei, wir können jeden Mann kriegen, den wir wollen.

Janie und Carolyn und drei oder vier andere aufmüpfige Studentinnen aus Familien der oberen Mittelschicht bildeten eine Clique, die sich die «Wilden Mädchen» nannte. Etwas wie sie hatte ich bis dahin noch nicht erlebt, und damit meine ich nicht, dass sie Zigeunerkleider trugen und barfuß gingen. Sie verabscheuten Unschuld. Sie fanden es unerträglich, beaufsichtigt zu werden. Sie hatten keine Angst aufzufallen, und sie hatten ebenso wenig Angst vor Heimlichkeiten. Das Wichtigste war, dass man gegen die Verhältnisse rebellierte, in denen man sich befand. Gut möglich, dass sie und ihre Gefolgschaft zu der ersten Welle amerikanischer Frauen gehörten, die ganz und gar ihrem eigenen Begehren folgten. Keine Rhetorik, keine Ideologie, nur das Spielfeld der Lust, das sich den Mutigen darbietet. Der Mut wuchs, als ihnen bewusst wurde, welche Möglichkeiten sich ihnen boten, als ihnen bewusst wurde, dass sie nicht mehr beaufsichtigt wurden, dass sie nicht mehr dem alten System oder überhaupt irgendeinem System dienen mussten – als ihnen bewusst wurde, dass sie alles tun konnten.

Anfangs war die Revolution der sechziger Jahre eine improvisierte Revolution; ihre Avantgarde an der Universität war winzig – ein halbes, vielleicht eineinhalb Prozent –, aber das machte nichts, denn der sympathetisch mitschwingende Teil der Bevölkerung folgte ihr bald. Die

Kultur folgt stets ihrer Vorhut, und unter den jungen Frauen an dieser Universität waren das Janies Wilde Mädchen, die Wegbereiterinnen einer ganz und gar spontanen sexuellen Umwälzung. Zwanzig Jahre zuvor, während meiner eigenen Studienzeit, waren die Universitäten perfekt regiert worden. Es gab strikte Regeln über den Umgang der Geschlechter miteinander. Es gab eine widerspruchslos hingenommene Überwachung. Die Autorität residierte an einem entrückten, kafkaesken Ort – in «der Verwaltung» –, und die Sprache, deren sie sich bediente, hätte die des heiligen Augustinus sein können. Man versuchte, sich dieser fortwährenden Kontrolle mit List zu entziehen, doch bis 1964 waren im Großen und Ganzen alle, die dieser Kontrolle unterlagen, gesetzestreue Menschen, hoch angesehene Mitglieder jener Schicht, die Hawthorne als die Klasse bezeichnet hatte, «die Grenzen liebt». Dann kam die lange hinausgezögerte Explosion, der anrüchige Angriff gegen die Nachkriegsnormalität und den kulturellen Konsens. All das, was nicht zu bändigen war, brach sich Bahn, und die unumkehrbare Verwandlung der Jugend hatte begonnen.

Carolyn erreichte nie Janies Berühmtheit, und das wollte sie auch gar nicht. Sie beteiligte sich an den Protesten, den Provokationen, den aufsässigen Späßen, vermied es aber mit charakteristischer Selbstdisziplin, den Ungehorsam so weit zu treiben, dass er ihre Zukunft hätte gefährden können. Carolyn, wie sie jetzt ist, in mittleren Jahren – ganz und gar hingegeben an die Welt der Wirtschaft, widerspruchslos konventionell –, überrascht mich nicht. Es war nie ihre Berufung, für die Sache der sexuellen Freizügigkeit Anstoß zu erregen. Auch grundsätzliche Zügellosigkeit entspricht nicht ihrem Naturell. Janie dagegen ... Lassen Sie mich ein wenig zu Janie abschweifen, die auf ihre bescheidene Art Consuela Castillos Simón Bolívar war. Ja, sie war eine große revolutionäre Führerin, ganz wie der Südamerikaner Bolívar, dessen Armeen die Kolonialmacht Spanien besiegten – eine Aufrührerin, die sich nicht fürchtete, gegen überlegene Kräfte anzukämpfen, eine *libertadora*, die sich gegen die herrschende Moral an der Universität wandte und ihren Machtanspruch schließlich hinwegfegte.

Der freizügige Umgang mit Sexualität, den meine jungen Studentinnen aus gutem Hause heute an den Tag legen, ist ihrer Meinung nach durch die amerikanische Unabhängigkeitserklärung gedeckt – ein Anspruch, den zu erheben wenig bis gar keinen Mut erfordert und der im Einklang mit dem 1776 in Philadelphia schriftlich fixierten Anspruch auf das Streben nach Glück steht. In Wirklichkeit aber ist die Ungezwungenheit, die diese Consuelas und Mirandas so nonchalant als selbstverständlich betrachten, sowohl der Kühnheit jener schamlosen, subversiven Janie Wyatts als auch dem erstaunlichen Sieg zu verdanken, den sie in den sechziger Jahren durch ihr unerhörtes Benehmen errangen. Die vulgäre Dimension des amerikanischen Lebens, die bis dahin nur in Gangsterfilmen vorkam – das war es, was von Janie auf dem Campus eingeführt wurde, denn das war die Intensität, die nötig war, um die Verteidiger der Normen zu Fall zu bringen. So musste man die Aufseher bekämpfen: indem man sich nicht ihrer, sondern der eigenen schmutzigen Sprache bediente.

Janie war in der Stadt geboren und im Vorort aufgewachsen, in Manhasset, draußen auf Long Island. Ihre Mutter war Lehrerin und pendelte täglich nach Queens, von wo die Familie nach Manhasset gezogen war und wo sie noch immer eine zehnte Klasse unterrichtete. Ihr Vater fuhr ein paar Kilometer in die andere Richtung, nach Great Neck, wo er Teilhaber in der Kanzlei von Carolyns Vater war. So lernten die beiden Mädchen sich kennen. Das leere Vororthaus – es reizt jeden sexuellen Nerv in Janies Körper. Als sie die sexuelle Reife erreicht, verändert sich die Musik, und so dreht sie sie auf. Sie dreht alles auf. Janies Cleverness bestand darin, dass sie, als sie in den Vorort kam, erkannte, wozu die Vororte da waren. In der Stadt war sie als Mädchen nie frei gewesen, hatte sie sich nie so frei bewegen können wie die Jungen. Doch draußen in Manhasset entdeckte sie die Weite. Es gab Nachbarn, aber sie waren nicht so nah wie in der Stadt. Wenn sie von der Schule nach Hause kam, waren die Straßen leer. Es sah aus wie in einer der Städte des alten Wilden Westens. Niemand da. Alle fort. Bis die Leute mit den Pendlerzügen zurückkehrten, konnte sie also ein kleines Ding, eine kleine Nebenshow aufziehen. Dreißig Jahre später degeneriert eine Janie Wyatt zu einer Amy Fisher, die sich freiwillig zur Sklavin eines Automechanikers machen lässt, doch Janie war intelligent und eine geborene Organisatorin – ungezähmt, schamlos, ein frisches Mädchen, das auf der Welle der gesellschaftlichen Veränderung ritt. Die Vororte, wo Mädchen vor den Gefahren der Stadt sicher waren und man sie nicht unter Verschluss halten musste, wo die Eltern nicht jede Sekunde ein Auge auf sie zu haben brauchten, die Vororte also waren es, wo sie ihren letzten Schliff bekamen. Die Vororte waren die Agora, wo die Erziehung zur Ungebührlichkeit erblühte. Die Überwachung ließ nach, man gab dieser Generation, die von Dr. Spock mit den Werkzeugen des Ungehorsams ausgestattet worden war, nach und nach mehr Raum – und sie erblühte. Und wie. Sie war nicht mehr zu bändigen.

Das war die Verwandlung, über die Janie in ihrer Seminararbeit geschrieben hatte. Das war die Geschichte, die sie erzählte. Die Vororte. Die Pille. Die Pille, die für Gleichheit zwischen Mädchen und Jungen sorgte. Die Musik. Little Richard, der alles vorantrieb. Der Rhythmus, der auf das Becken zielte. Der Wagen. Die Jugendlichen, die zusammen im Wagen herumfuhren. Der Wohlstand. Der Pendelverkehr. Die Scheidung. Eine Menge Ablenkung für die Erwachsenen. Hasch und andere Drogen. Dr. Spock. All das, was sie zur «Herr der Fliegen»-Uni geführt hatte – das war der Name, den die Wilden Mädchen unserer Universität gegeben hatten. Janie führte keine revolutionäre Zelle an, die alles in die Luft jagen wollte. Janie war keine Bernadine Dohrn oder Kathy Boudin. Und auch die Betty Friedans sprachen sie nicht an. Die Wilden Mädchen hatten nichts gegen den gesellschaftlichen oder politischen Kampf einzuwenden, den diese Frauen führten, doch das war die andere Seite dieses Jahrzehnts. Die Turbulenz hatte zwei Hauptstränge: Da war der Indeterminismus, der dem Einzelnen orgiastische Freiheiten verlieh und im Gegensatz zu den traditionellen Interessen der Gemeinschaft stand, und da war – oft eng verbunden damit – die gemeinschaftliche

Rechtschaffenheit, die für die Bürgerrechte und gegen den Krieg eintrat, der Ungehorsam, der sein moralisches Prestige von Thoreau bezog. Und diese beiden miteinander verflochtenen Stränge machten es schwer, die Orgie zu diskreditieren.

Doch Janies Zelle war lustorientiert und verfolgte keine politischen Ziele. Und diese Lustzellen gab es nicht nur an unserer Universität, sondern überall, zu Tausenden: Junge Männer und Frauen in gebatikten Kleidern, die nicht immer besonders gut rochen und sich unbekümmert miteinander vergnügten. Nicht die «Internationale» war ihre Hymne, sondern «Twist and shout, work it on out». Direkte, schlüpfrige Musik, zu der man vögeln konnte. Musik, zu der man einen blasen konnte, der Bebop des Volkes. Natürlich ist Musik in sexueller Hinsicht schon immer nützlich gewesen, innerhalb der vorgegebenen Grenzen des Augenblicks, versteht sich. Damals, als sich Songs dem Sex noch durch schmalzige Texte nähern mussten, war selbst Glenn Miller in bestimmten Situationen ein probates Schmiermittel. Dann der junge Sinatra. Dann der sahnig weiche Klang des Saxophons. Aber die Grenzen, die den Wilden Mädchen gesetzt waren? Sie gebrauchten Musik, wie sie Marihuana gebrauchten: als Treibsatz, als Emblem ihrer Rebellion, als Auslöser für erotischen Vandalismus. In meiner Jugendzeit, in der Ära der Swingmusik, konnte man sich nur mit Alkohol in Stimmung bringen. Den Wilden Mädchen dagegen stand ein ganzes Arsenal von gründlich enthemmenden Mitteln zur Verfügung.

Sie in meinem Seminar zu haben bildete mich: Ich

sah, wie sie sich kleideten, wie sie ihre Zurückhaltung über Bord warfen und ihre Derbheit enthüllten, ich hörte mit ihnen ihre Musik, ich rauchte mit ihnen Joints und hörte Janis Joplin, ihre weiße Bessie Smith, ihre schreiende, schräge, bekiffte Judy Garland, ich hörte mit ihnen Jimi Hendrix, ihren Charlie Parker der Gitarre, ich rauchte Gras mit ihnen und hörte, wie Hendrix die Gitarre rückwärts spielte, wie er alles umkehrte, den Beat verlangsamte, den Beat beschleunigte, ich hörte Janie ihr Kiff-Mantra singen: «Hendrix und Sex, Hendrix und Sex» und Carolyn ihres: «Ein schöner Mann mit einer schönen Stimme» – ich sah die Prahlerei, die Gelüste, die Erregung dieser Janies, die die biologische Angst vor der Erektion, die Angst vor der phallischen Transformation des Mannes nicht kannten.

Die Janie Wyatts der amerikanischen sechziger Jahre wussten, wie sie mit Männern umzugehen hatten, deren Blut in Wallung war. Ihr eigenes Blut war ja ebenfalls in Wallung, und so hatten sie keinerlei Schwierigkeiten, ihnen zu begegnen. Der wagemutige männliche Trieb, die männliche Initiative war nichts Ungesetzliches, das angeprangert und verurteilt werden musste, sondern ein sexuelles Signal, auf das man reagieren konnte oder auch nicht. Den männlichen Impuls kontrollieren und den zuständigen Behörden melden? In diesem ideologischen System waren sie nicht verankert. Sie waren viel zu verspielt, um sich von oben mit Feindseligkeit und Groll und Erbitterung indoktrinieren zu lassen. Sie waren im instinktivischen System verankert. Sie hatten kein Interesse daran, die alten Hemmungen, Verbote und moralischen

Belehrungen durch neue Formen der Überwachung, neue Kontrollmechanismen und neue Orthodoxien zu ersetzen. Sie wussten, wo die Lust zu finden war, und sie wussten auch, wie sie sich ohne Angst dem Verlangen hingeben konnten. Sie fürchteten sich nicht vor dem aggressiven Impuls, und mitten im transformierenden Tumult – und zum ersten Mal auf amerikanischem Boden, seit die Pilgerfrauen von Plymouth von einer kirchlichen Obrigkeit dazu verurteilt worden waren, in klösterlicher Abgeschlossenheit zu leben, damit sie vor der Verderbtheit des Fleisches und der Sündhaftigkeit der Männer geschützt waren – entstand eine Generation von Frauen, die ihre Schlüsse über das Wesen der Erfahrung und die Freuden des Lebens aus dem zogen, was ihre Mösen ihnen sagten.

Heißt die venezolanische Währung nicht Bolívar? Nun, ich hoffe, dass der Dollar in Wyatt umbenannt wird, wenn Amerika seine erste Präsidentin hat. Das ist das Mindeste, was Janie verdient hat. Sie hat den Anspruch auf Lust demokratisiert.

Streiflicht. Der englische Handelsvorposten bei Mount Merry, der die Puritaner von Plymouth so empörte – schon mal davon gehört? Eine Siedlung von Pelzhändlern, kleiner als Plymouth und etwa fünfundvierzig Kilometer nordwestlich davon gelegen. Wo heute Quincy, Massachusetts, ist. Männer, die tranken, den Indianern Waffen verkauften und sich mit ihnen anfreundeten. Sie vergnügten sich mit den Feinden. Sie vögelten mit Indianerinnen, die sich gewöhnlich hinknieten und von hinten nehmen ließen. Eine heidnische Brutstätte im puritanischen Massachusetts, wo die Bibel das Gesetzbuch war. Sie tanzten in Tiermasken um einen Maibaum, sie brachten dort einmal im Monat ein Opfer dar. Hawthorne hat diesen Maibaum in den Mittelpunkt einer Erzählung gestellt: Gouverneur Endicott sandte die puritanische Miliz unter dem Kommando von Miles Standish aus, auf dass dieser Baum gefällt würde, eine mit bunten Flaggen und Bändern und Geweihen und Rosen geschmückte, fünfundzwanzig Meter hohe Fichte. «Freude und Trübsinn wetteiferten um ein Reich» – so sah es Hawthorne.

Der Vorsteher von Merry Mount war eine Zeit lang ein Spekulant, ein Rechtsanwalt, ein mit erheblichem Charisma ausgestatteter Mann namens Thomas Morton. Er ist eine Art Waldwesen aus *Wie es euch gefällt*, ein wilder Dämon aus dem *Sommernachtstraum*. Shakespeare ist Mortons Zeitgenosse und nur etwa elf Jahre vor ihm geboren. Shakespeare ist Mortons Rock 'n' Roll. Die Puritaner von Plymouth und Salem fielen über ihn her: Sie legten ihn in den Stock, verurteilten ihn zu Geldstrafen, sperrten ihn ein. Schließlich ging er ins Exil nach Maine, wo er mit Ende sechzig starb. Doch er konnte der Versuchung, sie zu provozieren, nicht widerstehen. Für die Puritaner war er eine Quelle lüsterner Faszination. Denn wenn Frömmigkeit nicht absolut ist, führt das ganz logisch zu einem Morton. Die Puritaner hatten große Angst, ihre Töchter könnten von diesem fröhlichen Indianervögler dort draußen in Merry Mount verführt und verdorben werden. Ein Weißer, ein weißer Indianer, der die Jungfrauen betörte? Das war noch schlimmer als Indianer, die sie entführten. Morton würde ihre Töchter in Wilde Mädchen verwandeln. Das war, neben seinen Geschäften mit den Indianern, denen er Feuerwaffen verkaufte, sein Hauptziel. Die Puritaner waren entsetzlich besorgt um die jüngere Generation. Denn sobald diese ihnen entglitt, waren die Tage dieses ahistorischen Experiments in diktatorischer Intoleranz gezählt. Die uralte amerikanische Geschichte: Beschützt die Jungen und Mädchen vor dem Sex. Aber dafür ist es immer zu spät. Zu spät, weil sie bereits geboren sind.

Zweimal schafften sie Morton zurück nach England, damit er dort wegen Ungehorsams vor Gericht gestellt würde, doch die dortige herrschende Klasse und die anglikanische Kirche brachten kein Interesse für diese neuenglischen Separatisten auf. Mortons Fall wurde beide Male niedergeschlagen, und er kehrte nach Neuengland zurück. Die Engländer dachten: Dieser Morton hat Recht – wir möchten zwar auch nicht mit ihm leben, aber er zwingt niemanden zu irgendetwas, und diese Scheißpuritaner sind verrückt.

In seinem Buch *Geschichte der Siedlung Plymouth* schildert Gouverneur William Bradford ausführlich die Sündhaftigkeit in Merry Mount, die «zügellose Verschwendungssucht», die «hemmungslosen Ausschweifungen»: «Sie verfielen in große Lasterhaftigkeit, führten ein zuchtloses Leben und gaben sich allem möglichen Frevel hin.» Mortons Genossen bezeichnet er als «wahnsinnige Bacchanten», ihn selbst nennt er den «Herrn der Gesetzlosigkeit» und einen «Schulmeister des Atheismus». Gouverneur Bradford ist ein wortmächtiger Ideologe. Im siebzehnten Jahrhundert wusste die Frömmigkeit noch

Sätze zu drechseln. Die Frevelhaftigkeit allerdings nicht minder. Auch Morton schrieb ein Buch. Es trug den Titel *Das neuenglische Kanaan* und gründete sich auf die faszinierte Beobachtung der indianischen Gesellschaft. Laut Bradford war es allerdings ein verwerfliches Buch, denn darin stand auch einiges über die Puritaner und darüber, dass sie «viel Aufhebens um die Religion machen, aber keinerlei Menschlichkeit an den Tag legen». Morton ist direkt. Morton legt sich keine Zügel an. Man muss dreihundert Jahre warten, bis in Amerika abermals Thomas Mortons freimütige Stimme erklingt, diesmal aus dem Mund von Henry Miller. Der Streit zwischen Plymouth und Merry Mount, zwischen Bradford und Morton, zwischen Herrschaft und Unordnung: der koloniale Vorbote des Aufruhrs, der etwa dreihundertdreißig Jahre später losbrach, als Mortons Amerika endlich geboren wurde, inklusive Rassenvermischung und so weiter.

Nein, die Sechziger waren keine Verirrung. Janie Wyatt war keine Verirrung. Sie war eine natürliche Jüngerin Mortons in einem Konflikt, der von Anfang an bestanden hat und nie beigelegt worden ist. Dort draußen in der amerikanischen Wildnis soll Ordnung herrschen. Die Puritaner waren die Garanten von Ordnung, gottgefälliger Tugendhaftigkeit und rechtgeleiteter Vernunft, wogegen auf der anderen Seite die Gesetzlosigkeit stand. Aber warum spricht man von Ordnung und Gesetzlosigkeit? Warum betrachtet man Morton nicht als großen Theologen der Regellosigkeit? Warum betrachtet man Morton nicht als das, was er ist: den Gründervater der persönlichen Freiheit? In der puritanischen Theokratie hatte man die

Freiheit, Gutes zu tun; in Mortons Merry Mount hatte man die Freiheit – und das war's.

Und es gab viele Mortons. Abenteuerlustige Händler, die nicht einer Ideologie der Heiligkeit anhingen, Leute, die sich keinen Deut darum scherten, ob sie erwählt waren oder nicht. Sie kamen mit Bradford auf der *Mayflower*, sie wanderten später auf anderen Schiffen nach Amerika aus, aber von ihnen hört man nichts beim Erntedankfest, denn sie fanden das Leben in diesen aus Heiligen und Gläubigen bestehenden Gemeinden, wo keinerlei Abweichung erlaubt war, unerträglich. Unsere frühesten amerikanischen Helden sind die Männer, die Morton unterdrückten: Endicott, Bradford, Miles Standish. Merry Mount ist aus der offiziellen Version der Geschichte getilgt worden, weil es kein Utopia der Tugend, sondern ein Utopia der Ehrlichkeit war. Dennoch sollte Mortons Büste aus dem Fels des Mount Rushmore gehauen werden. Und das wird auch geschehen, und zwar an dem Tag, an dem der Dollar in den Wyatt umbenannt werden wird.

Mein Merry Mount? Ich und die Sechziger? Tja, ich nahm den Aufruhr dieser relativ wenigen Jahre ernst, ich ergründete die tiefste Bedeutung des beherrschenden Wortes jener Zeit: Befreiung. Damals verließ ich meine Frau. Um genau zu sein: Sie ertappte mich mit den Wilden Mädchen und warf mich hinaus. Nun gab es auch noch andere Dozenten, die sich die Haare wachsen ließen und ausgefallene Kleidung trugen, aber die hatten sich nur einen kleinen Urlaub bewilligt. Sie waren eine Mischung aus Voyeur und Tagesausflügler. Gelegentlich stürzten sie sich ins Getümmel, doch es waren immer nur einige wenige, die den Graben übersprangen und sich ernsthaft einließen. Ich dagegen war, sobald ich das wahre Wesen dieses Aufruhrs erkannt hatte, entschlossen, diesem Augenblick einen persönlichen Sinn abzugewinnen, mich von meinen früheren und gegenwärtigen Loyalitäten zu lösen und das alles nicht halbherzig zu betreiben, mich nicht, wie viele meines Alters, unterlegen oder überlegen oder einfach stimuliert zu fühlen, sondern der Logik dieser Revolution bis zu ihrem Schluss zu folgen, ohne ihr zum Opfer zu fallen.

Das war nicht ganz einfach. Die Tatsache, dass es kein Mahnmal für jene gibt, die bei diesem wilden Treiben zu Schaden kamen, bedeutet nicht, dass es keine Opfer gegeben hätte. Ich denke dabei nicht unbedingt an Gemetzel – aber immerhin ging eine ganze Menge zu Bruch. Es war keine hübsche kleine Revolution, die auf einer beschaulichen theoretischen Ebene stattfand. Es war ein kindisches, absurdes, unbeherrschtes, drastisches Durcheinander, die ganze Gesellschaft befand sich in einem gewaltigen Aufruhr. Dabei gab es aber auch komische Elemente. Es war eine Revolution, die zugleich wie der Tag nach der Revolution war: ein großes Idyll. Die Menschen zogen ihre Unterwäsche aus und liefen lachend herum. Oft war es bloß eine Farce, eine kindische, aber erstaunlich weit reichende kindische Farce; oft war es bloß ein Kraftausbruch von Teenagern, die Pubertät der zahlenmäßig größten und stärksten amerikanischen Generation, die ihren Hormonschub erlebte. Doch die Wirkung war revolutionär. Die Dinge veränderten sich unwiderruflich.

Skepsis, Zynismus und der gesunde kulturelle und politische Verstand, der mich normalerweise von Massenbewegungen fern hielt, waren ein guter Schutzschild. Ich war nicht so high wie die anderen und wollte es auch gar nicht sein. Meine Aufgabe bestand darin, die Revolution von ihren unmittelbaren Paraphernalia zu trennen, von ihrem pathologischen Beiwerk, ihren rhetorischen Albernheiten, ihren pharmakologischen Sprengsätzen, die so manchen aus dem Fenster springen ließen, ich musste die schlimmsten Auswüchse vermeiden, die Idee aufgreifen und umsetzen und zu mir selbst sagen: Was für eine Chance, was für eine Gelegenheit, meine eigene Revolution zu verwirklichen! Warum sollte ich mich zügeln, nur weil ich zufällig in diesem und nicht in jenem Jahr geboren bin?

Die Leute, die fünfzehn, zwanzig Jahre jünger waren als ich, die privilegierten Nutznießer der Revolution, konnten sich ihr hingeben, ohne weiter darüber nachzudenken. Sie war ein einziges rauschendes Fest, ein schmutziges, unordentliches Paradies, das sie sich – gewöhnlich mitsamt all seinen Banalitäten, all seinem Plunder – zu Eigen machten, ohne auch nur einen Gedanken daran zu verschwenden. Ich dagegen musste nachdenken. Da war ich nun, noch immer im besten Alter, und das Land war dabei, in eine außergewöhnliche Phase einzutreten. Habe ich das Zeug dazu, bei dieser wilden, ungeordneten, ungebärdigen Verweigerung, bei dieser umfassenden Zerstörung der hemmenden Vergangenheit mitzumachen oder nicht? Kann ich nicht nur die Zügellosigkeit der Freiheit, sondern auch die Disziplin der

Freiheit meistern? Und wie verwandelt man Freiheit in ein System?

Das herauszufinden kostete mich einiges. Ich habe einen zweiundvierzigjährigen Sohn, der mich hasst. Wir brauchen das hier nicht weiter zu erörtern. Worauf ich hinauswill, ist: Der Mob kam nicht, um meine Zellentür zu öffnen. Der blinde Mob war da, aber wie es sich traf, musste ich meine Zellentür selbst öffnen. Denn auch ich war gefügig und grundsätzlich gehemmt, auch wenn ich mich, solange ich noch verheiratet war, aus dem Haus schlich und vögelte, mit wem ich nur konnte. Diese Art von Sechziger-Jahre-Erlösung hatte mir von Anfang an vorgeschwebt, doch am Anfang, an meinem Anfang, gab es nichts, was auch nur entfernt Ähnlichkeit mit einer allgemeinen Billigung für derlei Dinge besaß, keinen gesellschaftlichen Strom, der einen mitriss und davontrug. Es gab nur Hindernisse – eines davon war mein höfliches Wesen, ein anderes war meine provinzielle Herkunft, und wieder ein anderes war meine Erziehung zu vornehmen Vorstellungen von Ernsthaftigkeit, die ich nicht ohne fremde Hilfe abstreifen konnte. Diese Erziehung durch Eltern und Schule verleitete mich zu einer häuslichen Existenz, die ich nicht ertragen konnte. Der Familienvater, gewissenhaft, verheiratet, ein Kind – und dann beginnt die Revolution. Das Ganze explodiert, und überall ringsum sind diese jungen Frauen. Was sollte ich tun? Verheiratet bleiben und weiterhin Seitensprünge machen und denken: Das ist es, das ist das beschränkte Leben, das du führst?

Wenn ich meinen Weg fand, dann nicht, weil ich im Wald geboren und von wilden Tieren aufgezogen worden wäre, sodass ich die Freiheit von Natur aus besessen hätte. Ich hatte dieses Wissen nicht von Geburt an. Auch mir fehlte die Souveränität, offen zu tun, was ich tun wollte. Der Mann, der Ihnen gegenübersitzt, ist nicht derselbe, der 1956 in den Stand der Ehe trat. Wer eine selbstbewusste Vorstellung vom Rahmen seiner Autonomie bekommen wollte, brauchte eine Anleitung, wie sie damals nirgends zu finden war, jedenfalls nicht in meiner kleinen Welt, und das war der Grund, warum es 1956 selbst mir ganz natürlich erschien, zu heiraten und ein Kind in die Welt zu setzen.

Als ich heranwuchs, besaß man als Mann im Reich des Sex keine Bürgerrechte. Man war ein Fassadenkletterer. Man war ein Dieb im Reich des Sex. Man grapschte. Man stahl sich Sex. Man überredete, man bettelte, man schmeichelte, man beharrte – alles, was mit Sex zu tun hatte, musste gegen die Werte, wenn nicht gar den Willen des Mädchens erkämpft werden. Die Regeln besagten, dass man ihr seinen Willen aufzuzwingen hatte. Auf diese Weise, hatte man ihr beigebracht, könne sie den Anschein der Tugend wahren. Es hätte mich verwirrt, wenn ein ganz normales Mädchen diese Regel freiwillig und ohne endloses Drängen gebrochen und in einen sexuellen Akt eingewilligt hätte. Niemand, ganz gleich welchen Geschlechts, hatte nämlich das Gefühl, ein angestammtes Recht auf Erotik zu haben. Dergleichen war unbekannt. Wenn sie sich verknallt hatte, war sie unter Umständen bereit, es einem mit der Hand zu besorgen – was im Grunde bedeutete, dass man das selbst erledigte und dabei ihre Hand führte –, aber dass ein Mädchen sich ohne das

Ritual psychologischer Belagerung und unablässiger, monomanischer Hartnäckigkeit und Beschwörung auf irgendetwas einließ, war schlicht undenkbar. Auf jeden Fall erforderte es eine geradezu übermenschliche Beharrlichkeit, einen geblasen zu bekommen. In vier Jahren College gelang mir das nur einmal. Das war alles, was einem zugestanden wurde. In dem Provinzstädtchen in den Catskill Mountains, wo meine Eltern ein kleines Urlaubshotel hatten und ich in den vierziger Jahren aufwuchs, gab es einvernehmlichen Sex nur mit einer Prostituierten oder mit einem Mädchen, mit dem man schon jahrelang befreundet war und von dem jeder annahm, dass man es eines Tages heiraten würde. Und das hatte seinen Preis, denn oft genug heiratete man dieses Mädchen dann tatsächlich.

Meine Eltern? Sie waren eben Eltern. Ich habe eine empfindsame Erziehung genossen, das können Sie mir glauben. Als mein Vater auf Drängen meiner Mutter endlich das obligatorische Gespräch über Sex mit mir führte, war ich bereits sechzehn. Es war 1946, und es empörte mich, dass er, dieser sanfte Mensch, der 1898 in einer Mietskaserne in der Lower East Side geboren war, nicht wusste, was er mir sagen sollte. Im Grunde war es nichts anderes als das, was die gütigen jüdischen Väter jener Generation zu sagen hatten: «Du bist unser Schatz, du bist unser Engel, du kannst dir dein ganzes Leben ruinieren ...» Natürlich konnte er nicht wissen, dass ich mir bei der Schlampe, die jeden ranließ, schon eine Geschlechtskrankheit geholt hatte. So viel also zu den Eltern in jenen lange vergangenen Tagen.

Sehen Sie, heterosexuelle Männer, die in den Stand der Ehe treten, sind wie Priester: Sie legen ein Keuschheitsgelübde ab, nur wird ihnen das anscheinend erst drei, vier, fünf Jahre später bewusst. Für einen potenten Heterosexuellen mit seinen sexuellen Präferenzen ist eine normale Ehe nicht weniger erdrückend als für einen Schwulen oder eine Lesbierin. Obwohl auch Schwule jetzt heiraten wollen. Kirchlich. Vor zwei-, dreihundert Zeugen. Aber warten Sie nur, bis sie sehen, was aus dem Begehren geworden ist, das sie dazu gebracht hat, schwul zu sein. Ich hatte von diesen Burschen eigentlich mehr erwartet, aber wie sich herausstellt, besitzen auch sie keinen Sinn für Realität. Allerdings hat es wahrscheinlich was mit Aids zu tun. Die Geschichte der Sexualität in der zweiten Hälfte des zwanzigsten Jahrhunderts trägt die Überschrift «Niedergang und Aufstieg des Kondoms». Das Kondom ist wieder da. Und mit ihm ist alles zurückgekehrt, was in den sechziger Jahren über Bord geworfen worden ist. Welcher Mann kann behaupten, dass ihm Sex mit Kondom so viel Spaß macht wie ohne? Was bringt ihm das eigentlich? Das ist der Grund, warum die der Verdauung dienenden Körperöffnungen in sexueller Hinsicht so populär geworden sind. Die verzweifelte Suche nach einer Schleimhaut. Nur wer einen festen Partner hat, kann auf Kondome verzichten – also heiratet man. Die Schwulen sind militant: Sie wollen die Ehe, und sie wollen, ohne sich verstellen zu müssen, in die Armee eintreten können und dort akzeptiert werden. Die beiden Institutionen, die ich schon immer gehasst habe. Und zwar aus ein und demselben Grund: Reglementierung.

Der Letzte, der diese Fragen ernst genommen hat, war – vor dreihundertfünfzig Jahren – John Milton. Haben Sie mal seine Traktate über die Scheidung gelesen? Die haben ihm seinerzeit viele Feinde eingebracht. Ich hab sie hier, irgendwo unter meinen Büchern. Damals, in den Sechzigern, hab ich die Seitenränder mit vielen Anmerkungen versehen. «Hat unser Heiland uns diese gefährliche und zufällige Tür zur Ehe nur geöffnet, um sie alsdann gleich den Pforten zum Reich des Todes zu verschließen …?» Nein, Männer haben keine Ahnung von den brutalen, tragischen Aspekten dessen, worauf sie sich einlassen – oder sie handeln bewusst so, als hätten sie keine Ahnung davon. Bestenfalls denken sie stoisch: Ja, ich verstehe, dass ich in dieser Ehe früher oder später auf Sex verzichten muss, aber ich tue das, um andere, wertvollere Dinge zu bekommen. Aber begreifen sie, worauf sie verzichten? Wie soll man, wenn man keusch und ohne Sex lebt, mit den Niederlagen, den Kompromissen, den Frustrationen fertig werden? Indem man mehr Geld verdient, möglichst viel Geld? Indem man möglichst viele Kinder in die Welt setzt? Das hilft, aber es ist kein Ersatz für das andere. Denn das andere ist im Körper verankert, in dem Fleisch, das geboren ist, in dem Fleisch, das sterben wird. Denn nur beim Vögeln übt man an allem, was einem verhasst ist und was einen zu Boden drückt, eine reine, wenn auch nur momentane Vergeltung. Nur dann ist man voll und ganz lebendig, voll und ganz man selbst. Die Unsittlichkeit ist nicht im Sex, sondern in allem anderen. Sex ist nicht bloß Reibung und seichtes Vergnügen. Mit Sex übt man auch Vergeltung am Tod. Vergessen Sie nicht den Tod. Vergessen Sie ihn nie. Ja, auch die Macht des Sex hat ihre Grenzen. Ich weiß sehr wohl, wie begrenzt sie ist. Aber sagen Sie mir: Welche Macht ist größer?

Aber zurück zu Carolyn Lyons, beinahe zweieinhalb Jahrzehnte später und fünfunddreißig Pfund schwerer. Ich hatte ihre frühere Statur geliebt, doch bald gefiel mir auch ihre neue, bei der ein schlanker Rumpf auf einem breiten Unterbau ruhte. Ich ließ mich davon inspirieren, als wäre ich ein Gaston Lachaise. Ihr ausladender Hintern und die breiten Oberschenkel sprachen zu mir von allem Weiblichen, das sich in ihr vereinte. Und ihre Bewegungen unter mir, die Feinheiten ihrer Erregung, inspirierten mich zu einem weiteren pastoralen Vergleich: mit dem Pflügen eines sanft gewellten Feldes. Die Studentin Carolyn bestäubte man wie eine Blume, die fünfundvierzigjährige Carolyn bestellte man wie ein Feld. Die Ungleichheit zwischen der alten, geschmeidigen oberen Hälfte und der neuen, breiten unteren Hälfte entsprach der faszinierenden Diskrepanz meiner insgesamten Wahrnehmung von ihr. Für mich war sie eine aufregende Mischung aus der intelligenten, erwartungsvoll bebenden, wagemutigen Pionierin, die im Seminar unentwegt die Hand hob, aus der hübschen Dissidentin in Zigeunerkleidern, aus Janie Wyatts vernünftigster Gefährtin, die 1965 auf jede Frage eine Antwort gehabt hatte, und der selbstbewussten Geschäftsfrau, die sie in mittleren Jahren war und die das Potenzial besaß, einen zu überwältigen.

Man hätte meinen können, dass der nostalgische Reiz unserer Treffen im Lauf der Zeit nachließ, da die vom

Tabu der verbotenen Beziehung zwischen Professor und Studentin befeuerte Leidenschaft unsere gegenwärtigen, erlaubten Freuden nicht mehr nährte. Doch es verging ein Jahr, und nichts dergleichen geschah. Durch die Leichtigkeit, die Ruhe und das körperliche Vertrauen, durch Dinge also, die immer eine Rolle spielen, wenn Gefährten aus früheren Zeiten das alte Spiel wieder aufnehmen, aber auch durch Carolyns Realismus – jene Fähigkeit, den richtigen Maßstab anzulegen, mit der die Demütigungen des Erwachsenenlebens die romantischen Hoffnungen einer höchst begabten jungen Frau aus der oberen Mittelschicht erwartungsgemäß abgetönt hatten – wurden mir Freuden zuteil, wie ich sie aus meiner verrückten Begeisterung für Consuelas Brüste unmöglich schöpfen konnte. Unsere harmonischen, unverträumten Abende im Bett, zu denen wir uns per Handy und zwischen allen anderen Tagesgeschäften verabredeten, wann immer Carolyn von einer ihrer zahlreichen Geschäftsreisen zum Kennedy Airport zurückkehrte, waren nun die einzigen Gelegenheiten, bei denen ich das Selbstvertrauen spürte, das ich aus meiner Zeit vor Consuela kannte. Mehr denn je zuvor brauchte ich die schlichte Befriedigung, die Carolyn nun so zuverlässig bot, da sie die Probe, auf die sie als Frau vom Leben gestellt worden war, stoisch bestanden hatte. Jeder von uns bekam genau das, was er wollte. Unsere sexuelle Beziehung war ein Gemeinschaftsunternehmen, von dem wir beide profitierten und das von Carolyns nüchterner, an der Welt der Wirtschaft geschulter Art gekennzeichnet war. Hier verband sich Vergnügen mit Ausgeglichenheit.

Dann kam der Abend, an dem Consuela ihren Tampon herauszog, in meinem Badezimmer stand, ein Knie an das andere gelegt, und wie Mantegnas heiliger Sebastian schmale Blutrinnsale an ihren Oberschenkeln hinablaufen ließ, während ich zusah. War es erregend? War ich entzückt? War ich fasziniert? Natürlich, doch andererseits fühlte ich mich wie ein kleiner Junge. Ich hatte das Äußerste von ihr gefordert, und als sie es mir ohne Scham gewährte, entwickelte ich schließlich abermals Ängste. Mir schien – wenn ich mich von ihrer exotischen Sachlichkeit nicht vollständig demütigen lassen wollte – nichts anderes übrig zu bleiben, als vor ihr auf die Knie zu fallen und sie abzulecken. Sie ließ es zu, ohne ein Wort darüber zu verlieren. Womit sie mich in einen noch kleineren Jungen verwandelte. Was für ein unmögliches Wesen man doch hat! Die Dummheit, man selbst zu sein! Die unvermeidliche Komödie, überhaupt irgendjemand zu sein! Jeder neue Exzess schwächte mich weiter – aber was soll ein unersättlicher Mann sonst tun?

Ihr Gesichtsausdruck? Ich war zu ihren Füßen. Ich kniete auf dem Boden. Ich drückte mein Gesicht an ihren Körper, als wäre ich ein trinkender Säugling, sodass ich nichts von ihrem Gesicht erkennen konnte. Aber wie gesagt: Ich glaube nicht, dass sie verängstigt war. Consuela verspürte kein überwältigendes neues Gefühl, mit dem sie zurechtkommen musste. Sobald wir die Präliminarien der Liebe hinter uns hatten, schien sie alles, was ihre Nacktheit in mir bewirkte, ganz leicht bewältigen zu können. Dass ein verheirateter Mann wie George O'Hearn um acht Uhr morgens öffentlich eine vollständig bekleidete junge Frau küsste, verwirrte sie – *das* war für Consuela das Chaos. Aber dies? Dies war nur eine neue Zerstreuung. Dies war etwas, was ihr widerfuhr, das körperliche Schicksal, das sie so leicht ertrug. Gewiss war die Aufmerksamkeit, die eine auf den Knien liegende Persönlichkeit des kulturellen Lebens ihr schenkte, nichts, was ihr das Gefühl gab, unbedeutend zu sein. Consuela hatte schon immer verführerisch auf Jungen gewirkt, ihre Familie hatte sie schon immer geliebt, ihr Vater hatte sie schon immer vergöttert, sodass ihre Theatralik instinktiv die Form von Selbstbeherrschung, Ruhe und einer Art statuarischen Gleichmuts annahm. Irgendwie war Consuela die Verlegenheit, die beinahe jeder mit sich herumträgt, erspart geblieben.

Das war an einem Donnerstagabend. Am Freitagabend kam Carolyn geradewegs vom Flughafen zu mir, und am Samstagmorgen saß ich bereits am Frühstückstisch, als sie in meinem Frotteebademantel aus dem Badezimmer in die Küche marschiert kam und in der ausgestreckten Hand einen halb in Toilettenpapier gewickelten blutigen Tampon hielt. Erst zeigte sie ihn mir, dann warf sie ihn mir hin. «Du vögelst mit anderen Frauen. Sag mir die Wahrheit, und dann gehe ich. Das passt mir nicht. Ich hatte zwei Ehemänner, die mit anderen Frauen gevögelt haben. Das hat mir damals nicht gepasst, und heute passt es mir genauso wenig. Am allerwenigsten passt es mir bei dir. Du hast eine Beziehung, wie wir sie haben – und dann tust du so was. Du hast alles, was du willst, und so, wie du es willst – vögeln ohne Häuslichkeit und ohne romantische Liebe –, und dann tust du so was. Es gibt nicht viele wie mich, David. Deine Interessen sind auch meine. Ich weiß, worauf es ankommt. Auf harmonischen Hedonismus. Ich bin die eine unter einer Million, du Idiot – wie kannst du also nur so was tun?» Sie sprach nicht wütend wie eine Ehefrau, geschützt durch die Rüstung des historischen Anspruchs, sondern wie eine angesehene Kurtisane, aus einer unbestreitbaren erotischen Überlegenheit heraus. Sie hatte das Recht dazu: Die meisten Menschen bringen das Schlechteste in ihrer Biographie mit ins Bett – Carolyn dagegen brachte nur das Beste mit. Nein, sie war nicht wütend; sie war geschlagen und gedemütigt. Wieder einmal hatte ein unwürdiger, unersättlicher Mann ihre reiche Sexualität für nicht ausreichend erachtet. Sie sagte: «Ich werde mich nicht mit dir streiten. Ich will die Wahrheit wissen, und dann wirst du mich nie wieder sehen.»

Ich bemühte mich, so gelassen wie möglich zu bleiben und nur leise Neugier zu zeigen, als ich sagte: «Wo hast du das gefunden?» Der Tampon lag jetzt auf dem Küchentisch, zwischen der Butterdose und der Teekanne. «Im Badezimmer. Im Mülleimer.» «Tja, ich weiß nicht, wem er gehört und wie er dahin gekommen ist.» «Leg ihn doch auf dein Brötchen und iss ihn», schlug Carolyn vor. Ich sagte nur: «Das würde ich, wenn es dich glücklich machen würde. Aber ich weiß nicht, wem er gehört. Und ich finde, bevor ich ihn esse, sollte ich das wissen.» «Ich kann das nicht hinnehmen, David. Es macht mich rasend.» «Mir kommt da eine Idee. Ein Verdacht. Mein Freund George», sagte ich, «hat einen Schlüssel zu dieser Wohnung. Er hat einen Pulitzerpreis gewonnen, er hält

Vorträge, er unterrichtet an der New School, er lernt Frauen kennen, junge Frauen, er schläft mit ihnen, und da er sie ja nicht gut nach Hause zu seiner Frau und seinen vier Kindern mitnehmen kann und es manchmal unmöglich ist, in New York ein Hotelzimmer zu kriegen, und er immer knapp bei Kasse ist und die Frauen verheiratet sind – viele von ihnen jedenfalls –, sodass sie nicht zu *ihnen* nach Hause gehen können» – bis jetzt war jedes Wort die lautere Wahrheit –, «bringt er sie manchmal hierher.»

Und das war gelogen. Es war die bewährte Lüge, mit der ich mich schon zuvor aus der Schlinge gezogen hatte, wenn im Lauf der Jahre das eine oder andere belastende Beweisstück aufgetaucht war, ein persönlicher Gegenstand irgendeiner Frau – wenn auch zugegebenermaßen nie ein so elementarer wie dieser –, der unabsichtlich oder mit Bedacht zurückgelassen worden war. Die bewährte Lüge eines ganz gewöhnlichen Lebemannes. Nichts, dessen man sich rühmen könnte.

«Aha», sagte Carolyn. «Und mit all diesen Frauen vögelt George also in deinem Bett.» «Nicht mit allen. Aber mit manchen, ja. Im Gästezimmer. Er ist mein Freund. Seine Ehe ist alles andere als ein Paradies. Er erinnert mich an mich selbst, als ich verheiratet war. George fühlt sich nur rein, wenn er die Regeln verletzt. Sein Gehorsam macht ihn ganz krank. Wie kann ich da nein sagen?» «Für so etwas bist du zu ordentlich, David. Für so etwas bist du zu penibel. Ich glaube dir kein Wort. Alles in deinem Leben ist so geordnet, alles ist wohl überlegt, so gründlich durchdacht ...» «Na, das allein müsste dich doch überzeugen.» «Es war jemand hier, David.» «Niemand», sagte ich. «Jedenfalls nicht mit mir. Ich weiß wirklich nicht, von wem dieser Tampon ist.» Es war eine heftige, angespannte Situation, doch ich rettete mich, indem ich Carolyn einfach ins Gesicht log, und zum Glück ging sie nicht, als ich sie am dringendsten brauchte. Sie ging erst später und auf meinen Wunsch.

Entschuldigen Sie, das Telefon. Ich muss drangehen. Entschuldigen Sie mich ...

Tut mir Leid, dass es so lange gedauert hat. Dabei war es nicht mal der Anruf, den ich erwarte. Tut mir Leid, dass ich Sie so lange allein gelassen habe, aber es war mein Sohn. Er wollte mir sagen, wie sehr ihn das, was ich ihm bei unserem letzten Treffen gesagt habe, beleidigt hat, und sich davon überzeugen, dass ich seinen wütenden Brief bekommen habe.

Wissen Sie, ich habe nie angenommen, dass es leicht für uns sein würde, und vermutlich hätte er wohl auch begonnen, mich zu hassen, wenn niemand ihn dazu ermuntert hätte. Ich wusste, dass es eine schwierige Flucht werden würde, und ich wusste auch, dass ich es nur allein schaffen würde, über die Mauer zu klettern. Selbst wenn es möglich gewesen wäre, ihn mitzunehmen, hätte das keinen Sinn gehabt, denn er war damals acht Jahre alt, und ich hätte nicht so leben können, wie ich wollte. Ich musste ihn im Stich lassen, und das hat er mir nicht verziehen, und er wird es mir auch nie verzeihen.

Letztes Jahr ist er mit zweiundvierzig zum Ehebrecher geworden, und seitdem erscheint er unangemeldet vor meiner Tür. Um elf, zwölf Uhr nachts, um eins, ja sogar um zwei Uhr morgens höre ich ihn durch die Gegensprechanlage. «Ich bin's. Lass mich rein, drück auf den Knopf!» Er streitet sich mit seiner Frau, rennt aus dem Haus, steigt in den Wagen und landet, ohne es eigentlich zu wollen, bei mir. Als er erwachsen war, haben wir uns jahrelang kaum gesehen; monatelang haben wir nicht mal miteinander telefoniert. Sie können sich vorstellen, wie überrascht ich bei seinem ersten mitternächtlichen Besuch war. Was führt dich her?, frage ich ihn. Er ist in Schwierigkeiten. Er ist in einer Krise. Er leidet. Warum? Er hat eine Geliebte. Eine junge Frau von sechsundzwanzig, die seit neuestem für ihn arbeitet. Er hat eine kleine Firma für Kunstrestaurationen. Das war der Beruf seiner Mutter, bevor sie in Pension ging: Restauratorin. Nachdem er seinen Dr. phil. an der NYU gemacht hatte, ist er in dieselbe Branche gegangen und hat sich mit ihr zusammengetan, und jetzt hat er einen ziemlich florierenden Betrieb in einem Loft in SoHo und beschäftigt achtzehn Leute. Er bekommt viele Aufträge von Galerien, Sammlern und Auktionshäusern, er ist als Berater für Sotheby's tätig und so weiter. Kenny ist ein großer, gut aussehender Mann, er kleidet sich tadellos, wenn er etwas sagt, dann hat es Hand und Fuß, die Artikel, die er schreibt, sind intelligent, er spricht fließend Französisch und Deutsch – in der Kunstbranche ist er offenbar eine beeindruckende Erscheinung. Bei mir nicht. Meine Fehler sind die Ursache seines Leidens. Wenn er in meiner Nähe ist, beginnt die Wunde in ihm zu bluten. In seinem Beruf ist er tatkräftig, vernünftig, solide und in jeder Hinsicht kompetent, aber ich brauche nur den Mund aufzumachen, und schon ist alles Starke in ihm gelähmt. Und ich brauche nur zu schweigen, wenn *er* etwas sagt, und schon ist seine ganze Kompetenz unterminiert. Ich bin der Vater, den er nicht überwinden kann, der Vater, in dessen Gegenwart seine eigene Macht zu nichts wird. Warum? Vielleicht weil ich nicht da war. Ich war abwesend und beängstigend. Ich war abwesend und bei weitem zu bedeutungsvoll. Ich habe ihn im Stich gelassen. Das reicht aus, um eine ruhige, ausgeglichene Beziehung unmöglich zu machen. In unserer gemeinsamen Geschichte gibt es nichts, was ihn daran hindern könnte, seinem kindlichen Impuls zu folgen und die Schuld für alle Hindernisse, die sich ihm in den Weg stellen, seinem Vater zuzuschieben.

Ich bin Kennys Vater Karamasow, der Unmensch, das Monstrum, in dessen Gegenwart er, der Heilige der Liebe, ein Mann, dessen Betragen stets makellos sein muss, sich wie ein Opfer fühlt und ihn die Lust zum Vatermord überkommt, als wären alle Brüder Karamasow in ihm vereint. Eltern sind für ihre Kinder die Helden einer Legende, und dass die mir zugewiesene Legende nach einem Roman von Dostojewski gestaltet ist, weiß ich schon seit den späten siebziger Jahren, als ich mit der Post die Kopie einer Seminararbeit bekam, die Kenny im zweiten Studienjahr in Princeton geschrieben hatte, eine mit «sehr gut» benotete Arbeit über *Die Brüder Karamasow.* Es war nicht schwer zu sehen, dass dieses Buch für ihn eine übersteigerte fiktionale Darstellung seiner eigenen Situation war. Kenny war einer dieser überkandidelten Jugendlichen, für die jedes Buch von einer persönlichen Bedeutung erfüllt ist, hinter der alles zurücktritt, was sonst noch von Belang ist. Er war mittlerweile ganz und gar auf unsere gegenseitige Entfremdung fixiert, und daher konzentrierte sich seine Arbeit auf den Vater. Einen verkommenen Lüstling. Einen einsamen alten Unhold. Einen alten Mann, der jungen Mädchen nachstellt. Einen großen Narren, der sein Haus zu einem Harem voller käuflicher Frauen macht. Einen Vater, der – Sie erinnern sich – sein erstes Kind verlässt und alle seine Kinder ignoriert, «weil ein Kind», wie Dostojewski schreibt, «seinen Ausschweifungen im Wege gestanden hätte». Ach, Sie haben *Die Brüder Karamasow* nicht gelesen? Aber das sollten Sie unbedingt tun, und sei es nur wegen der amüsanten Schilderung der Verderbtheit dieses schändlichen Vaters.

Wenn Kenny in seiner Jugend zu mir kam und außer sich war, ging es stets um dasselbe Thema. Und darum geht es heute noch: Irgendetwas stellt seine Vorstellung von sich selbst als einem überaus aufrechten Menschen infrage. Auf die eine oder andere Weise habe ich ihn immer ermutigt, diese Vorstellung zu modifizieren, sie ein wenig abzuschwächen, doch dieser Vorschlag machte ihn nur wütend, und er drehte sich jedes Mal um und rannte zurück zu seiner Mutter. Ich weiß noch, dass ich ihn, als er dreizehn war und auf die High School ging und begann, nicht mehr wie ein Kind zu klingen und auszusehen, einmal fragte, ob er Lust habe, den Sommer mit mir in einem Haus zu verbringen, das ich in den Catskill Mountains, nicht weit vom Hotel meiner Eltern, gemietet hatte. Es war an einem Nachmittag im Mai, und wir waren zu einem Spiel der Mets gegangen. Einer unserer qualvollen gemeinsamen Sonntage. Die Einladung bekümmerte ihn so, dass er zum Klo raste und sich dort übergab. Früher, in der Alten Welt, führten Väter ihre Söhne in die Welt des Sex ein, indem sie mit ihnen ins Bordell gingen, und es war, als hätte ich ihm etwas Derartiges vorgeschlagen. Er übergab sich, weil in dem Haus vielleicht eine meiner Geliebten sein würde. Vielleicht auch zwei. Vielleicht sogar noch mehr. Weil mein Haus in seiner Vorstellung ein Bordell *war.* Doch dass er sich übergab, verriet nicht nur seinen Ekel vor mir, sondern darüber hinaus auch seinen Ekel vor seinem Ekel. Weswegen? Wegen dem, was er sich so sehr wünschte, denn selbst wenn man einen Vater hat, auf den man wütend und von dem man enttäuscht ist, hat der Augenblick, in dem man mit ihm zusammen ist, etwas Überwältigendes, und die Sehnsucht nach dem Vater ist sehr groß. Er war noch immer ein Junge, der sich in einer schlimmen Situation befand und sich nicht zu helfen wusste. Das war, bevor er die Wunde ausbrannte, indem er sich in einen Tugendbold verwandelte.

In seinem letzten Jahr auf dem College kam ihm der – übrigens ganz richtige – Verdacht, er könnte eine seiner Kommilitoninnen geschwängert haben. Anfangs war er zu erschrocken, um es seiner Mutter zu sagen, also kam er zu mir. Ich versicherte ihm, wenn diese Frau tatsächlich schwanger sei, brauche er sie nicht zu heiraten. Immerhin lebten wir ja nicht im Jahr 1901. Sollte sie, wie sie bereits mehrfach betont hatte, entschlossen sein, das Kind zu bekommen, dann sei das ihre Entscheidung und nicht die seine. Ich war für die Entscheidungsfreiheit der Frau, aber das bedeutete nicht, dass sie ihm ihre Entscheidung aufzwingen durfte. Ich gab ihm den eindringlichen Rat, ihr so oft wie möglich zu sagen, dass er, mit einundzwanzig Jahren und kurz vor dem Abschluss seines Studiums, kein Kind wolle, kein Kind ernähren könne und auch nicht die Absicht habe, in irgendeiner Weise die Verantwortung für ein Kind zu übernehmen. Wenn sie mit einundzwanzig die alleinige Verantwortung übernehmen wolle, dann sei das eine Entscheidung, die sie allein für sich selbst treffe. Ich bot ihm Geld für eine Abtreibung an. Ich sagte ihm, ich stünde hinter ihm, und er solle nicht nachgeben. «Und was», fragte er mich, «wenn sie sich einfach weigert?» Ich antwortete, wenn sie nicht zur Vernunft kommen wolle, müsse sie die Konsequenzen tragen, und erinnerte ihn daran, dass ihn niemand zwingen könne, etwas zu tun, was er nicht tun wolle. Ich sagte ihm, was mir ein Mann mit starker Persönlichkeit hätte sagen sollen, als ich im Begriff stand, *meinen* Fehler zu begehen. Ich sagte: «Da wir in einem Land leben, dessen wichtigste Dokumente die Befreiung des Einzelnen von der Obrigkeit zum Thema haben und darauf abzielen, die Freiheit des Individuums zu garantieren, in einem freien politischen System, in dem sich im Grunde niemand darum kümmert, wie du dich verhältst, solange dein Verhalten gegen kein Gesetz verstößt, hast du das Unglück, das dir zustößt, höchstwahrscheinlich selbst herbeigeführt. Es wäre etwas anderes, wenn du in einem von den Nazis besetzten oder von den Kommunisten beherrschten Land Europas oder in Mao Tse-tungs China leben würdest. Dort kümmert sich der Staat darum, dass du unglücklich bist; du brauchst nichts falsch zu machen und kannst trotzdem das Gefühl haben, dass es sich nicht lohnt, morgens überhaupt aus dem Bett zu steigen. Aber hier, wo die Regierung nicht totalitär ist, muss ein Mann wie du selbst für sein Unglück sorgen. Und du bist obendrein intelligent, kannst dich ausdrücken, siehst gut aus und hast eine gute Ausbildung genossen – du bist geradezu geschaffen, in einem Land wie diesem Erfolg zu haben. Der einzige Tyrann, der dir hier auflauert, ist die Konvention, und die sollte man nicht unterschätzen. Lies Tocqueville, wenn du ihn nicht schon gelesen hast. Er ist keineswegs überholt, nicht wenn es darum geht, dass ‹man alle Männer durch dasselbe Sieb pressen will›. Der springende Punkt ist: Du solltest nicht denken, dass du dich wie durch ein Wunder in einen Beatnik oder Bohemien oder Hippie verwandeln musst, um den Fußangeln der Konvention zu entgehen. Es erfordert kein auffallendes Benehmen oder eigenartige Kleidung – Dinge, die dir aufgrund deines Temperaments und deiner Erziehung fremd sind. Nein, ganz und gar nicht. Alles, was du zu tun hast, Ken, ist, deine Kraft zu entdecken. Du hast sie, ich weiß, dass du sie hast – sie ist im Augenblick nur gelähmt, weil diese Situation so ungewohnt ist. Wenn du dein Leben intelligent leben und dich nicht der Erpressung durch Slogans und unüberprüfte Regeln aussetzen willst, brauchst du nur deine eigene Kraft …» Et cetera et cetera. Die Unabhängigkeitserklärung. Die Bill of Rights. Die Gettysburg Address. Die Proklamation zur Sklavenbefreiung. Der vierzehnte Verfassungszusatz. Die drei während des Bürgerkriegs beschlossenen Verfassungszusätze. Ich zählte sie alle auf. Ich kramte Tocqueville hervor. Ich dachte: Er ist einundzwanzig – endlich können wir miteinander reden. Ich war beredter als Polonius. Immerhin war das, was ich ihm sagte, nicht so außergewöhnlich, jedenfalls nicht 1979. Nicht mal damals, als es gut gewesen wäre, wenn *mir* es jemand vorgehalten hätte, wäre es außergewöhnlich gewesen. In Freiheit geboren – das ist nichts weiter als gesunder amerikanischer Menschenverstand. Und was sagte er, als ich fertig war? Er begann, ihre herausragenden Qualitäten aufzuzählen. «Was ist mit *deinen* Qualitäten?», fragte ich ihn. Doch er schien mich gar nicht zu hören, sondern fing nur wieder an, mir zu sagen, wie intelligent und hübsch und witzig sie sei. Er erzählte mir von ihrer wunderbaren Familie, und ein paar Monate später waren sie verheiratet.

Ich kenne alle Einwände, die ein auf Reinheit und moralisches Handeln bedachter junger Mann gegen die Forderung nach persönlicher Souveränität erheben kann. Ich kenne all die Etiketten, die man voller Bewunderung dem anheftet, der seine persönliche Souveränität nicht geltend macht. Tja, Kennys Problem ist, dass er bewundernswert sein will, koste es, was es wolle. Er lebt in Angst vor einer Frau, die ihm sagt, er sei nicht bewundernswert. «Egoistisch» lautet das Wort, das ihn lähmt. Du egoistisches Schwein. Dieses Urteil fürchtet er, und darum ist es ebendieses Urteil, das ihn beherrscht. Ja, wenn es um Bewundernswertes geht, ganz gleich, was es ist, kann man auf Kenny zählen, und das ist dann auch der Grund, warum er, als Todd, sein Ältester, in die High School kam und meine Schwiegertochter fand, sie müssten noch mehr Kinder haben, innerhalb von sechs Jahren drei weitere Kinder zeugte. Und zwar genau zu einem Zeitpunkt, als er von seiner Frau restlos genug hatte. Weil er so bewundernswert ist, kann er seine Frau nicht zugunsten seiner Geliebten verlassen, so wenig wie er seine Geliebte zugunsten seiner Frau verlassen kann, und selbstverständlich kann er seine kleinen Kinder ebenfalls nicht verlassen. Der Himmel weiß, dass er seine Mutter nicht verlassen kann. Der Einzige, den er verlassen kann, bin ich. Aber er ist mit einer ganzen Liste von Beschwerden über mich aufgewachsen, und darum musste ich mich in den Jahren nach der Scheidung jedes Mal, wenn ich ihn sah, verteidigen und ihm zeigen, dass ich nicht so bin, wie seine Mutter behauptet, dass ich sei – im Zoo, im Kino, im Baseballstadion.

Ich gab es schließlich auf, denn ich bin tatsächlich so, wie sie behauptet, dass ich sei. Er gehörte ihr, und als er dann aufs College ging, war ich nicht mehr bereit, mich um jemanden zu bemühen, dem ich nur Übelkeit verursachte. Ich gab es auf, weil ich nicht die weibliche Bedürftigkeit vortäuschen wollte, gegen die Kenny wehrlos ist. Dem Pathos weiblicher Bedürftigkeit ist mein Sohn auf grausamste Weise verfallen. In den Jahren, als er mit seiner Mutter allein war und diese archaische Verfallenheit entwickelte – die übrigens in der Zeit, da die Frauen noch abhängig waren, auch die besten Männer zu Sklaven machte –, verbrachten er und ich jeden Sommer zwei Wochen in dem kleinen Hotel meiner Eltern. Für mich eine Erleichterung, weil sie alles übernahmen. Sie sehnten sich nach diesem Familienzeug, und wegen unserer persönlichen Geschichte konnten wir nicht einmal im Traum daran denken. Aber als seine Großeltern nicht mehr lebten, als er Student war, Ehemann, Vater …

Trotzdem rief er mich jedes Mal an, wenn eins seiner Kinder geboren war. Nett von ihm, in Anbetracht seiner Gefühle mir gegenüber. Natürlich wusste ich längst, dass ich verloren hatte. Aber Kenny hatte auch verloren. Die Folgen davon, dass ich bin, wie ich bin, sind langfristig. Diese häuslichen Katastrophen sind dynastisch.

Aber mit einem Mal kommt er alle vier, sechs Wochen zu mir, um das, was ihn vergiftet, loszuwerden. In seinen Augen ist Angst, in seinem Herzen ist Wut, in seiner Stimme ist Müdigkeit; selbst seine elegante Kleidung sitzt nicht mehr so gut. Seine Frau ist unglücklich und wütend wegen seiner Geliebten, seine Geliebte ist nörgelig und verbittert wegen seiner Frau, und die Kinder sind verängstigt und weinen im Schlaf. Was den ehelichen Verkehr betrifft – eine grässliche Pflicht, die er stets stoisch erfüllt hat –, so reicht selbst seine innere Stärke dazu inzwischen nicht mehr aus. Jede Menge Streit, jede Menge Verdauungsstörungen, jede Menge Beschwichtigungen, jede Menge Drohungen und Gegendrohungen. Doch wenn ich ihn frage: «Warum gehst du dann nicht?», sagt er, dass das die Familie zerstören würde. Keiner würde das überleben, alle würden zusammenbrechen, das allgemeine Leid würde zu groß sein. Stattdessen muss also jeder sich an jeden klammern.

Darin steckt unausgesprochen die Überzeugung, dass er um vieles ehrenwerter ist als der Vater, der ihn verlassen hat, als er acht war. Sein Leben hat eine Bedeutung, die meines nicht hat. Das ist sein Trumpf. Das ist der Punkt, an dem er sich stärker fühlt als ich, an dem er sich mir überlegen fühlt.

«Kenny», sage ich zu ihm, «warum stellst du dich deinem Vater nicht endlich? Stell dich dem Schwanz deines Vaters. Dies ist die Realität eines Vaters. Kindern lügen wir darüber etwas vor. Was den Schwanz des Vaters betrifft, kann man einem Kind gegenüber nicht aufrichtig sein. Vielen Vätern ist die Ehe nicht genug – und es ist besser, das vor den Kleinen zu verbergen. Aber du bist ein Mann. Du weißt, wie es zugeht. Du kennst alle möglichen Künstler. Du kennst alle möglichen Kunsthändler. Du musst doch eine Vorstellung davon haben, wie andere Erwachsene leben. Ist das noch immer der schlimmste Skandal, den du dir vorstellen kannst?»

Er und ich, wir tun nichts anderes, als uns gegenseitig Vorhaltungen zu machen, wenn auch die Rollen nicht nach traditionellem Muster verteilt sind. Außerhalb der Romane von Dostojewski ist die traditionelle Rollenverteilung genau umgekehrt: Gewöhnlich zieht der Vater die Zügel an, der Sohn ist ungebärdig, der Tadel geht in die andere Richtung. Dennoch kommt er immer wieder her, und wenn er läutet, lasse ich ihn rein. «Wie alt ist deine Geliebte?», frage ich ihn. «Und sie hat ein Verhältnis mit einem verheirateten Mann von zweiundvierzig, einem Vater von vier Kindern, der ihr Chef ist? Dann ist sie also auch nicht die reine Unschuld. Nur du bist ein Muster an Tugend. Du und deine Mutter.» Sie sollten ihn hören, wenn er über diese Frau redet. Eine Chemikerin, die außerdem Kunstgeschichte studiert hat. *Und* Oboe spielt. Wunderbar, sage ich zu ihm. Selbst in deiner Affäre bist du besser als ich. Er weigert sich sogar, es als Affäre zu bezeichnen. Seine Affäre ist anders als alle anderen.

Es ist eine so feste Verbindung, dass man es nicht eine Affäre nennen kann. Und Bindung ist das, was mir fehlt. Meine Affären waren für seinen Geschmack nicht ernsthaft genug.

Tja, das stimmt. Ich habe mich bemüht, sie nicht ernsthaft werden zu lassen. Für ihn dagegen ist seine Affäre der Versuch, eine neue Frau zu finden. Er hat ihre Familie kennen gelernt. Das hat er mir eben erzählt: Dass er gestern mit ihr zu ihren Eltern geflogen ist. «Du bist nach Florida geflogen», habe ich ihn gefragt, «hin und zurück an einem Tag, um ihre Eltern kennen zu lernen? Aber hier geht es um eine Affäre. Was haben ihre Eltern damit zu tun?» Und er erzählt mir, sie seien anfangs, am Flughafen, sehr kühl und skeptisch gewesen, aber dann, als man sich in der Eigentumswohnung zum Essen an den Tisch gesetzt habe, hätten sie ihr gesagt, dass sie ihn lieben. Dass sie ihn lieben wie ihren eigenen Sohn. Alle lieben sich. Die Reise hat sich gelohnt. «Und hast du auch die Schwester deiner Freundin und ihre reizenden Kinder kennen gelernt?», frage ich ihn. «Hast du ihren Bruder und *seine* reizenden Kinder kennen gelernt?» O Gott, er ist dabei, den kleinen Provinzknast seiner gegenwärtigen Ehe gegen ein Hochsicherheitsgefängnis einzutauschen. Unterwegs von einer Zelle in die andere. Ich sage zu ihm: «Kenny, du willst die Erlaubnis *und* die Anerkennung? Stell dir vor: Von mir kriegst du beides, und zwar von Herzen gern.» Aber das reicht ihm nicht. Es reicht ihm nicht, dass er den einen Vater in diesem großen, weiten Land hat, der dem, was er tut, seinen Segen gibt und vielleicht sogar eine Verbindung mit einer anderen Schnepfe und ihrer wunderbaren Familie in Florida einfädelt. Nein, ich soll außerdem seine moralische Überlegenheit bestätigen. «Und auch noch Oboe», sage ich. «Ist das nicht toll? Bestimmt schreibt sie in ihrer Freizeit Gedichte. Ihre Eltern ebenfalls.» Qualifikationen, Qualifikationen, Qualifikationen. Der eine kann nur vögeln, wenn ihn irgendeine Domina mit der Peitsche bearbeitet. Der andere kann nur vögeln, wenn die Frau als Zimmermädchen kostümiert ist. Manche können nur Zwerginnen vögeln, andere nur Kriminelle und wieder andere nur Hühner. Mein Sohn kann nur eine Frau vögeln, die über die richtigen moralischen Qualifikationen verfügt. Bitte, sage ich zu ihm, das ist eine Perversion, nicht besser oder schlechter als irgendeine andere. Gesteh es dir ein und hör auf, dir wie etwas Besonderes vorzukommen.

Hier. Das ist der Brief, von dem er befürchtet hat, er könnte in der Post verloren gegangen sein. Er hat ihn letzte Woche geschrieben, gleich nachdem er nachts bei mir gewesen war. Als hätte ich in dem vergangenen Jahr, in dem wir Beleidigungen ausgetauscht haben, nicht schon zehn andere wie ihn bekommen. «Du bist hundertmal schlimmer, als ich dachte.» Das ist erst der Anfang. Das ist die Präambel. Es kommt noch mehr. Ich möchte es Ihnen vorlesen. «Du machst einfach immer weiter. Ich konnte es nicht glauben. Die Dinge, die du zu mir gesagt hast. Du musst immer Recht haben, du musst immer beweisen, dass du die richtige Wahl getroffen hast und dass meine Entscheidung feige, grotesk, falsch war. Ich bin in höchster Not zu dir gekommen, und du bist mir mit geistiger Rohheit begegnet. Die sechziger Jahre – alles, was er heute ist, verdankt er der Tatsache, dass er Janis Joplin so ernst genommen hat. Ohne Janis Joplin könnte er niemals mit siebzig der Inbegriff des jämmerlichen alten Narren sein. Die langen, weißen, bedeutenden Haare, zu einem Pagenkopf geschnitten, der faltige Hals, halb verborgen hinter einem modischen Halstuch – wann wirst du anfangen, Rouge auf deine Wangen aufzutragen, Herr von Aschenbach? Was glaubst du, wie du aussiehst? Hast du auch nur die leiseste Ahnung? All diese Hingabe an die höheren Dinge. Dieses Besetzen der ästhetischen Barrikaden auf Channel Thirteen. Dieser einsame Kampf für die Wahrung kultureller Werte in einer Massengesellschaft. Aber wie sieht es mit der Wahrung des ganz gewöhnlichen Anstands aus? Natürlich hattest du nicht den Mumm, im akademischen Leben zu bleiben und ernsthaft zu arbeiten; in deinem ganzen Leben ist es dir mit nichts je ernst gewesen. Janie Wyatt – wo ist *sie* jetzt? Wie viele gescheiterte Ehen hat sie hinter sich? Wie viele Zusammenbrüche? In welcher psychiatrischen Klinik ist sie all die Jahre behandelt worden? Diese jungen Frauen, die aufs College gehen – sollten sie nicht vor dir beschützt werden? Du bist das lebende Argument dafür, dass man sie beschützen *muss*. Ich habe zwei Töchter – es sind deine Enkelinnen –, und wenn ich mir vorstelle, sie gehen aufs College, und ihr Professor ist ein Mann wie mein Vater ...»

Und so weiter ... bis ... wollen mal sehen ... ja, hier ist eine stärkere Stelle. «Meine Kinder haben Angst und weinen, weil ihre Eltern sich streiten und ihr Daddy so wütend ist, dass er gegangen ist. Weißt du, wie es für mich ist, abends nach Hause zu kommen und meinen Kindern gegenüberzutreten? Weißt du, wie es für mich ist, meine Kinder weinen zu hören? Nein, wie könntest du das auch wissen? Und ich habe dich in Schutz genommen. *Ich* habe *dich* in Schutz genommen. Ich habe mich bemüht, nicht zu glauben, dass Mutter Recht hatte. Ich habe dich verteidigt, ich habe dir die Stange gehalten. Das musste ich – schließlich warst du mein Vater. In Gedanken habe ich nach Entschuldigungen für dich gesucht und mich bemüht, dich zu verstehen. Aber die *Sechziger*? Dieser Ausbruch von Infantilismus, diese vulgäre, hirnlose kollektive Regression – das soll alles erklären und rechtfertigen? Hast du keine bessere Erklärung? Wehrlose Studentinnen zu verführen und seine sexuellen Interessen auf Kosten aller anderen zu verfolgen – das ist unbedingt nötig? Nein, es ist nötig, eine schwierige Ehe nicht aufzugeben, ein kleines Kind großzuziehen und sich den Verantwortlichkeiten eines Erwachsenenlebens zu stellen. All die Jahre habe ich gedacht, Mutter würde übertreiben. Aber sie hat nicht übertrieben. Bis heute Abend hatte ich kaum eine Vorstellung davon, was sie durchgemacht hat. Welche Schmerzen du ihr zugefügt hast – und wozu? Welche Lasten du ihr aufgebürdet hast, welche Lasten du *mir* aufgebürdet hast, einem Kind, das alles für seine Mutter sein sollte – und wozu? Damit du ‹frei› sein konntest? Ich finde dich unerträglich. Ich habe dich schon immer unerträglich gefunden.»

Und nächsten Monat wird er mich wieder besuchen, um mir zu sagen, wie unerträglich er mich findet. Und einen Monat später wieder. Und noch einen Monat später ebenfalls. In Wirklichkeit habe ich ihn gar nicht verloren. Endlich ist ihm sein Vater eine Stütze. «Ich bin's. Lass mich rein!» Er schafft es nicht, seine Situation mit Selbstironie zu betrachten, aber ich glaube, er begreift mehr, als er zugibt. Er begreift nichts? Aber er muss etwas begreifen. Er ist keineswegs dumm. Er kann sich nicht für alle Zeit von diesem Kindheitsdrama beherrschen lassen. Kann er doch? Tja, vielleicht. Wahrscheinlich haben Sie Recht. In diesem Punkt wird er für den Rest seines Lebens empfindlich sein. Einer dieser zahllosen Witze: Ein Zweiundvierzigjähriger, der untrennbar mit der Erfahrung verbunden ist, die er als Dreizehnjähriger gemacht hat, und den sie noch immer quält. Vielleicht ist es heute noch so wie damals im Baseballstadion. Er sehnt sich danach auszubrechen. Er sehnt sich danach, seine Mutter zu verlassen, er sehnt sich danach, mit seinem Vater zu verschwinden, aber das Einzige, was passiert, ist, dass er sich die Seele aus dem Leib kotzt.

Meine Affäre mit Consuela dauerte etwas länger als eineinhalb Jahre. Wir gingen nur noch gelegentlich aus, zum Essen oder ins Theater. Sie hatte zu viel Angst davor, von neugierigen Reportern entdeckt zu werden und auf Seite sechs zu landen, und das war mir ganz recht, denn wenn ich sie sah, wollte ich sie immer an Ort und Stelle vögeln und nicht erst noch irgendein beschissenes Theaterstück über mich ergehen lassen. «Du weißt doch, wie die Medien sind, du weißt, wie sie mit den Leuten umspringen, und wenn ich mit dir dorthin gehe ...» «Gut, kein Grund zur Aufregung», sagte ich freundlich, «dann bleiben wir eben hier.» Schließlich übernachtete sie bei mir, sodass wir gemeinsam frühstücken konnten. Wir sahen uns ein- oder zweimal pro Woche, und selbst nach dem Vorfall mit dem Tampon merkte Carolyn nichts davon. Dennoch fand ich keine Ruhe; ich konnte nie die fünf Jungen vergessen, mit denen sie vor mir gevögelt hatte und von denen zwei, wie sich herausstellte, Brüder waren – den einen hatte sie mit achtzehn gehabt, den anderen mit zwanzig –, kubanische Brüder, die reichen Brüder Villareal aus Bergen County, ein weiterer Grund für quälende Eifersucht. Ich weiß nicht, was aus mir geworden wäre, wenn Carolyn und die herrlichen Nächte, die wir miteinander verbrachten, nicht einen so beruhigenden Einfluss auf mich gehabt hätten.

Die Erregung, die ich verspürte, wenn ich mit Consuela zusammen war – im Gegensatz zu der Erregung, die ich verspürte, wenn ich nicht mit ihr zusammen war –, endete erst, als sie ihren Studienabschluss machte und drüben in New Jersey, im Haus ihrer Eltern, eine Party feierte. Natürlich wussten wir, dass es besser war, die Sache zu beenden, aber ich wollte sie nicht beenden und fühlte mich völlig verlassen. Beinahe drei Jahre lang überkamen mich immer wieder Depressionen. Solange ich mit ihr zusammen gewesen war, hatte ich Qualen gelitten, doch nachdem ich sie verloren hatte, waren die Qualen hundertmal größer. Es war eine schlimme Zeit, und sie nahm kein Ende. George O'Hearn war ein Engel. Wenn meine Verzweiflung zu groß wurde, leistete er mir so manchen Abend Gesellschaft und redete mit mir. Und ich hatte meinen Flügel, und das half mir über den Berg.

Ich habe Ihnen ja erzählt, dass ich im Lauf der Jahre viele Noten gekauft habe, Klaviernoten, und so spielte ich andauernd, immer wenn ich mit meiner anderen Arbeit fertig war. In diesen Jahren spielte ich alle zweiunddreißig Beethoven-Sonaten, Note für Note, nur um Consuela aus meinen Gedanken zu verbannen. Ich könnte niemandem zumuten, sich Aufnahmen davon anzuhören – Aufnahmen, die es übrigens ohnehin nicht gibt. Manche Passagen spielte ich im korrekten Tempo, die meisten allerdings nicht, doch ich spielte sie trotzdem. Verrückt, aber genau das tat ich. Bei Klaviermusik hat man das Gefühl, das nachzuvollziehen, was der Komponist getan hat, und darum tritt man bis zu einem gewissen Grad in seinen Geist ein. Nicht in jenen geheimnisvollen Bereich, in dem die Musik entstanden ist, aber immerhin gibt man sich nicht bloß passiv einer ästhetischen Erfahrung hin. Man produziert sie selbst, auf seine eigene unbeholfene Art, und so versuchte ich also, den Verlust von Consuela zu verwinden. Ich spielte die Mozart-Sonaten. Ich spielte Bachs Klaviermusik. Ich spielte sie, ich kenne sie – das ist etwas anderes, als sie gut zu spielen. Ich spielte elisabethanische Stücke von Byrd und seinen Zeitgenossen. Ich spielte Purcell. Ich spielte Scarlatti. Ich habe sämtliche Scarlatti-Sonaten, alle fünfhundertfünfzig. Ich will nicht behaupten, dass ich sie alle gespielt habe, aber ich habe viele von ihnen gespielt. Haydns Klaviermusik. Die kenne ich jetzt auswendig. Schumann. Schubert. Und das alles, wie gesagt, ohne besonders viel Übung zu haben. Aber es war eine schreckliche Zeit, eine nutzlose Zeit, und für mich ging es darum, entweder in Beethovens

Geisteswelt einzutreten oder in meiner eigenen zu bleiben und all die Szenen mit ihr, an die ich mich erinnern konnte, nochmals zu durchleben – auch, am schlimmsten von allen, jenen Augenblick, als ich leichtfertig beschloss, nicht zu ihrer Abschlussparty zu gehen.

Aber wissen Sie, ich habe nie begriffen, wie gewöhnlich sie war. Diese Frau, die für mich ihren Tampon herauszieht, und dann ist sie fertig mit mir, nur weil ich nicht zu ihrer Abschlussparty komme. Dass etwas derart Starkes so beiläufig zu Ende ging, erscheint mir noch immer unglaublich. Die Abruptheit, mit der es zu Ende ging – ich durchlebe sie noch einmal, weil ich glaube, das Geheimnis dieser Abruptheit ist, dass Consuela diese Beziehung nicht mehr fortführen wollte. Warum? Weil sie mich nicht begehrte, nie begehrt hatte, weil sie mit mir experimentiert hatte, um zu sehen, wie überwältigend ihre Brüste sein konnten. Sie selbst jedoch hatte nie bekommen, was sie wollte. Das bekam sie von den Villareal-Brüdern. Natürlich. Da waren sie alle auf ihrer Party, umdrängten sie, umringten sie, dunkel, gut aussehend, muskulös, gesittet, jung, und ihr wurde bewusst: Was soll ich eigentlich mit diesem alten Mann? Ich hatte also die ganze Zeit Recht gehabt – und darum war es richtig, dass es zu Ende war. Sie war so weit gegangen, wie sie gehen wollte. Hätte ich darauf bestanden, die Sache fortzuführen, dann hätte ich mir lediglich weitere Qualen bereitet. Das Klügste, was ich tun konnte, war, nicht dort aufzukreuzen. Denn ich hatte immer weiter nachgegeben, auf eine Art und Weise, die ich nicht verstand. Selbst als ich Consuela hatte, war die Sehnsucht ständig da. Sehnsucht war, wie gesagt, das beherrschende Gefühl. Ist es noch immer. Es gibt keine Erlösung vom Sehnen und von meinem Gefühl, ein Bittsteller zu sein. Das ist es: Man hat es, wenn man mit ihr zusammen ist, und man hat es, wenn man nicht mit ihr zusammen ist. Wer hat die Sache also beendet? Ich, indem ich nicht zu ihrer Party gegangen bin, oder sie, indem sie die Tatsache, dass ich nicht gekommen bin, zum Anlass genommen hat? Das ist die endlose Debatte, die ich mit mir selbst führte, und das ist der Grund, warum ich, damit meine Gedanken aufhörten, unablässig um den Verlust von Consuela zu kreisen – damit ich aufhörte, fälschlicherweise immer wieder dieses eine Ereignis, die Party, als Hinweis auf alles zu begreifen, was ich verpatzt hatte –, oft mitten in der Nacht aufstehen und bis zum Morgengrauen Klavier spielen musste.

Es war nichts weiter geschehen, als dass sie mich zur Feier ihres Studienabschlusses nach Jersey eingeladen und ich ja gesagt hatte, doch als ich über die Brücke fuhr, dachte ich: Ihre Eltern werden da sein, ihre Großeltern, die kubanischen Verwandten, Kindheitsfreunde und -freundinnen werden da sein, diese Brüder werden da sein, und sie wird mich als den Professor vorstellen, der im Fernsehen auftritt. Und es war einfach idiotisch, dass ich nach diesen eineinhalb Jahren so tun sollte, als wäre ich nichts weiter als ein wohlmeinender Mentor der jungen Frau, besonders in Anwesenheit dieser verdammten Villareals. Ich war zu alt für diesen Quatsch, und darum hielt ich auf der Jersey-Seite der Brücke an, wählte Consuelas Nummer und sagte ihr, ich hätte eine Panne und könne nicht kommen. Es war eine durchsichtige Lüge –

ich hatte einen Porsche, der noch keine zwei Jahre alt war –, und so faxte sie mir noch in derselben Nacht vom Apparat ihrer Eltern einen Brief. Es war nicht der heftigste Brief, den ich je bekommen habe, aber dennoch – ich hatte mir bis dahin nicht vorstellen können, dass Consuela so außer sich geraten könnte.

Doch ich hatte mir Consuela ohnehin nie vorstellen können. Was gab es außerdem, das ich, geblendet von meiner Obsession, nicht von ihr wusste? In ihrem Brief schrie sie mich an: «Du spielst immer den weisen alten Mann, der alles weiß.» Sie schrie: «Heute Morgen noch habe ich dich im Fernsehen gesehen. Du hast die Rolle des Mannes gespielt, der immer alles besser weiß, der weiß, was gute und was schlechte Kultur ist, der weiß, was die Leute lesen und was sie nicht lesen sollten, der alles über Musik und alles über Kunst weiß, und dann, wenn ich diesen wichtigen Augenblick in meinem Leben feiern will und eine Party gebe, wenn ich eine schöne Party veranstalten will, wenn ich dich bei mir haben will, dich, der mir alles bedeutet, dann bist du nicht da.» Ich hatte ihr bereits ein Geschenk und Blumen geschickt, aber sie war so aufgebracht, so wütend ... «Der arrogante intellektuelle Kritiker, die große Autorität für alles und jedes, der alle aufklärt und allen sagt, was sie denken sollen! *Me da asco!*»

So beendete sie es. Nie zuvor, nicht einmal liebevoll oder zärtlich, hatte Consuela sich mir gegenüber spanisch ausgedrückt. *Me da asco.* Eine ganz gewöhnliche Redewendung: «Es ekelt mich an.»

Das alles ist sechseinhalb Jahre her. Das Seltsame war, dass ich drei Monate später eine Postkarte von ihr bekam, aus einem Luxushotel in irgendeinem Land der Dritten Welt – Belize, Honduras oder so –, und die war in einem überaus freundlichen Ton gehalten. Nach weiteren sechs Monaten rief mich Consuela an. Sie bewerbe sich um eine Stelle bei einer Werbeagentur, eine Stelle, mit der ich, wie sie sagte, bestimmt nicht einverstanden wäre, aber könne ich ihr trotzdem eine Empfehlung schreiben? Als ihr ehemaliger Professor? Ich schrieb die Empfehlung. Dann erhielt ich eine Postkarte (einen Modigliani-Akt aus dem Museum of Modern Art), auf der sie schrieb, sie habe die Stelle bekommen und sei sehr glücklich. Und dann nichts mehr. Eines Nachts entdeckte ich ihren Namen in einer neuen Ausgabe des Manhattaner Telefonbuchs; die Adresse war die einer Wohnung in der Upper East Side, die bestimmt ihr Vater für sie gekauft hatte. Aber es war keine gute Idee, alles noch einmal aufzuwärmen, und ich unternahm keinen Versuch in dieser Richtung.

George hätte es auch nicht zugelassen. George O'Hearn war, obgleich fünfzehn Jahre jünger als ich, mein weltlicher Beichtvater. In den eineinhalb Jahren mit Consuela war er der Freund, der mir am nächsten stand, und er verriet mir erst später, wie beunruhigt er gewesen sei, wie besorgt er mich beobachtet habe, als ich meinen Realismus, meinen Pragmatismus, meinen Zynismus aufgegeben und nur noch daran gedacht hätte, ich könnte Consuela verlieren. Er war es, der mich daran hinderte, diese Postkarte zu beantworten, was ich lieber als alles andere getan hätte und was mir, wie ich glaubte, durch die zylindrisch-geschmeidige Taille, das ausladende Becken, die sanft geschwungenen Oberschenkel nahe gelegt wurde, durch den Flammenfleck des Haars an der Stelle, wo sie sich gabelt, durch den typischen Modigliani-Akt, die zugängliche, hingestreckte Traumfrau, die er rituell malte und die Consuela so schamlos per Post geschickt hatte. Eine Nackte, deren volle, ein wenig zur Seite geneigten Brüste sehr wohl die ihren hätten sein können. Eine Nackte mit geschlossenen Augen, wie Consuela ausschließlich durch ihre erotische Kraft beschützt und, wie Consuela, elegant und elementar zugleich. Eine Nackte mit golden schimmernder Haut, unerklärlicherweise schlafend über einem samtig schwarzen Abgrund, den ich in meiner seelischen Verfassung mit einem Grab assoziierte. Da liegt sie, eine lange, geschwungene Linie, geduldig wartend, still wie der Tod.

George hatte mir sogar davon abgeraten, die gewünschte Empfehlung zu schreiben. «Dieser Frau gegenüber wirst du immer machtlos sein. Du wirst nie derjenige sein, der das Sagen hat. Da ist etwas», sagte George, «das dich verrückt macht, und es wird immer da sein. Wenn du den Kontakt nicht ein für allemal abbrichst, wird dieses Etwas dich zerstören. Bei dieser Frau reagierst du nicht mehr auf ein natürliches Bedürfnis. Das ist Pathologie in Reinkultur. Pass auf», sagte er, «betrachte es mal als Kritiker, betrachte es mal von einem professionellen Standpunkt aus. Du hast das Gebot der ästhetischen Distanz verletzt. Du hast bei dieser Frau die ästhetische Erfahrung sentimentalisiert – du hast sie personalisiert, du hast sie sentimentalisiert, und du hast das

Gefühl des Getrenntseins verloren, das für den Genuss unerlässlich ist. Und weißt du, wann das geschehen ist? An dem Abend, als sie sich den Tampon rausgezogen hat. Die unerlässliche ästhetische Distanz wurde nicht aufgehoben, als du sie hast bluten sehen – das war gut, das war in Ordnung –, sondern als du nicht an dich halten konntest und auf die Knie gefallen bist. Was zum Teufel hat dich geritten? Was steckt hinter der Komödie um diese kubanische Frau, die einen Mann wie dich, den Professor der Begierde, auf die Matte zwingt, wo er ihr Blut trinkt? Damit hast du, würde ich sagen, deine unabhängige kritische Position aufgegeben, Dave. Bete mich an, sagt sie, bete das Mysterium der blutenden Göttin an – und du tust es. Du schreckst vor nichts zurück. Du leckst es auf. Du nimmst es zu dir. Du verdaust es. *Sie* dringt in *dich* ein. Was wäre als Nächstes gekommen, David? Wie lange hätte es gedauert, bis du sie um ihren Kot angebettelt hättest? Ich bin nicht dagegen, weil es unhygienisch ist. Ich bin nicht dagegen, weil es ekelhaft ist. Ich bin dagegen, weil es Verliebtheit ist. Die einzige Obsession, die jeder will: ‹Liebe›. Die Leute denken, wenn sie sich verlieben, werden sie ganz? Die platonische Vereinigung der Seelen? Ich glaube, es ist anders. Ich glaube, dass man ganz ist, bevor alles anfängt. Und dass die Liebe einen zerbricht. Man ist ganz, und dann wird man in Stücke gebrochen. Sie war ein Fremdkörper, der in deine Ganzheit eingedrungen ist. Und eineinhalb Jahre lang hast du darum gekämpft, ihn zu integrieren. Aber du wirst nie wieder ganz sein, bevor du diesen Fremdkörper nicht abgestoßen hast. Entweder du stößt ihn ab oder du integrierst ihn durch Verrenkung. Das hast du versucht, und das war es, was dich verrückt gemacht hat.»

Dagegen ließ sich schwerlich etwas vorbringen, und nicht nur wegen Georges Neigung zum Mythologisieren; es war nur schwer zu glauben, dass ein scheinbar so harmloses Wesen wie die in ihre Familie eingebundene, behütete, vorstädtische Consuela ein derart gefährliches Potenzial barg. George ließ nicht locker. «Bindung ist verderblich, Bindung ist dein Feind. Joseph Conrad: Wer eine Bindung eingeht, ist verloren. Dass du hier sitzt und ein solches Gesicht machst, ist absurd. Du hast einen Eindruck davon bekommen. Reicht das nicht? Wovon bekommst du schon jemals mehr als einen Eindruck? Das ist alles, was wir im Leben bekommen, das ist alles, was wir *vom* Leben bekommen. Einen Eindruck. Mehr gibt es nicht.»

George hatte natürlich Recht und wiederholte nur, was ich ohnehin wusste. Wer eine Bindung eingeht, ist tatsächlich verloren, Bindung ist tatsächlich mein Feind, und so griff ich auf das zurück, was Casanova als «die Zuflucht der Schuljungen» bezeichnet hat: Ich masturbierte. Ich stellte mir vor, dass ich am Flügel saß, während sie nackt neben mir stand. Wir hatten dieses Tableau einmal inszeniert, und so war es ebenso sehr Erinnerung wie Vorstellung. Ich hatte sie gebeten, sich auszuziehen, damit ich sie ansehen konnte, während ich Mozarts Sonate in c-Moll spielte, und sie hatte es getan. Ich weiß nicht, ob ich sie besser spielte als sonst, aber darum ging es ja gar nicht. In einer anderen immer wiederkehrenden Phantasie sage ich zu ihr: «Dies ist ein Metronom. Das kleine Licht blinkt, und man hört ein regelmäßiges Geräusch.

Das ist alles. Man kann den Takt beliebig einstellen. Nicht nur Amateure wie ich, sondern auch Berufsmusiker, sogar berühmte Konzertpianisten, haben das Problem, dass sie beim Spielen immer schneller werden.» Ich stelle sie mir wieder vor, wie sie, die Kleider zu ihren Füßen, neben dem Flügel steht wie in jener Nacht, als ich, voll bekleidet, die c-Moll-Sonate spielte und ihrer Nacktheit mit dem langsamen Satz ein Ständchen brachte. (Manchmal besuchte sie mich im Traum und hieß dann, wie ein Spion, nur «KV 457».) «Das ist ein elektronisches Metronom», sage ich. «Es ist nicht dreieckig wie die Dinger, die du vielleicht schon mal gesehen hast, die mit dem Pendel, an dem ein kleines Gewicht befestigt ist. Die Zahlen stehen hier. Es sind dieselben Zahlen wie auf dem Pendel», und wenn sie näher tritt, um die Skala zu betrachten, schwingen ihre Brüste nach vorn, und eine verschließt meinen Mund und unterbricht für einen Augenblick die Belehrung – die Belehrung, die bei Consuela meine größte Stärke ist. Meine einzige Stärke.

«Es sind die üblichen Werte», sage ich. «Wenn man sechzig einstellt, macht es einen Schlag pro Sekunde. Ja, wie der Herzschlag. Lass mich deinen Herzschlag mit der Zungenspitze spüren.» Sie lässt es zu, wie sie alles, was zwischen uns geschieht, zulässt – ohne Kommentar, beinahe als wäre sie unbeteiligt. Ich sage: «Bevor das Metronom – das alte Metronom – um 1812 erfunden wurde, gab es in den Noten keine genauen Tempoangaben. In den allgemeinen Abhandlungen über Tempi schlug man vor, den Pulsschlag als Maßzahl für ein bestimmtes Allegro zu nehmen. Man sagte: ‹Miss den Puls und orientiere dich mit deinem Tempo daran.› Lass mich deinen Puls mit der Spitze meines Schwanzes messen. Setz dich auf meinen Schwanz, Consuela, und lass uns in diesem Tempo spielen. Oh, das ist kein schnelles Allegro, oder? Nein, ganz und gar nicht. Es gibt kein einziges Stück von Mozart mit Metronomangaben, und weißt du auch, warum? Du erinnerst dich: Als Mozart starb …» Aber hier habe ich meinen Orgasmus, die phantasierte Unterrichtsstunde ist beendet, und ich bin momentan nicht mehr krank vor Begehren. Ist das nicht von Yeats? «Verzehr mein Herz; krank vor Begehren und / Gefesselt an das sterbende Tier / Weiß es nicht, was es ist.» Yeats. Ja. «Gefangen in der sinnlichen Musik» und so weiter.

Ich spielte Beethoven und masturbierte. Ich spielte Mozart und masturbierte. Ich spielte Haydn, Schumann, Schubert und masturbierte mit ihrem Bild vor meinem inneren Auge. Weil ich ihre Brüste nicht vergessen konnte, ihre vollen Brüste, die Brustwarzen, die Art, wie sie ihre Brüste an meinen Schwanz drückte und ihn damit liebkoste. Noch ein Detail. Ein letztes Detail, und dann höre ich damit auf. Ich werde ein bisschen technisch, aber das hier ist wichtig. Das war das gewisse Etwas, das Consuela zu einem Meisterwerk der *volupté* machte: Sie ist eine der wenigen Frauen, die ich kenne, bei der sich die Vulva beim Orgasmus nach außen stülpt, sich ohne willentliches Zutun vorschiebt wie das weiche, formlose, aufquellende Fleisch einer zweischaligen Muschel. Beim ersten Mal war ich völlig überrascht. Man spürt es, und es ist, als gehörte diese Vulva zu einer Fauna aus einer anderen Welt, als wäre sie etwas, das im Meer zu Hause ist. Als wäre sie verwandt mit einer Auster oder einem Oktopus oder einem Tintenfisch, als wäre sie ein Wesen, das tief im Ozean lebt und äonenalt ist. Normalerweise sieht man die Schamlippen und kann sie mit der Hand öffnen, doch in ihrem Fall war es, als blühten sie auf, und die Möse trat von ganz allein aus ihrem Versteck hervor. Die inneren Schamlippen wölben sich nach außen und schwellen an, und diese feuchte, seidenweiche Schwellung ist sehr erregend – es ist erregend, sie zu berühren, und es ist erregend, sie anzusehen. Das ekstatisch enthüllte Geheimnis. Schiele hätte alles dafür gegeben, es malen zu können. Picasso hätte es in eine Gitarre verwandelt.

Wenn man ihr beim Orgasmus zusah, hatte man beinahe selbst einen. Wenn es so weit war, verdrehte sie die Augen. Sie verdrehte die Augen, sodass man nur noch das Weiße sah, und auch das war ein erregender Anblick. Alles an ihr war ein erregender Anblick. Ganz gleich, wie sehr meine Eifersucht mich aufbrachte, ganz gleich, wie groß die Erniedrigung und die endlose Ungewissheit war – ich war immer stolz, sie zum Orgasmus gebracht zu haben. Manchmal macht man sich gar keine Gedanken darüber, ob die Frau kommt oder nicht: Es passiert einfach, die Frau scheint sich selbst darum zu kümmern, und man ist nicht dafür verantwortlich. Bei anderen Frauen ist das kein Thema; die Situation sorgt schon dafür, die Erregung ist groß genug, und der Orgasmus steht nie infrage. Doch bei Consuela – ja, da war eindeutig ich dafür verantwortlich, und es war immer, immer etwas, auf das ich stolz sein konnte.

Ich habe einen lächerlichen zweiundvierzigjährigen Sohn – lächerlich, weil er wirklich mein Sohn ist, eingesperrt in seine Ehe wegen meiner Flucht aus meiner Ehe, wegen der Bedeutung, die diese Flucht für ihn hatte, und wegen der Sturheit, mit der er sein eigenes Leben zu einem Protest gegen meines gemacht hat. Lächerlichkeit ist der Preis, den er dafür zahlt, dass er zu früh zu einem Telemachos gemacht worden ist, dem heldenhaften kleinen Beschützer der unbeschützten Mutter. Doch in den drei Jahren, in denen ich immer wieder von der Depression gepackt wurde, war ich tausendmal lächerlicher als Kenny. Was meine ich mit «lächerlich»? Was ist Lächerlichkeit? Freiwillig seine Freiheit aufgeben – das ist die Definition von Lächerlichkeit. Wenn einem die Freiheit gewaltsam genommen wird, ist man natürlich nicht lächerlich, es sei denn für den, der sie einem gewaltsam genommen hat. Doch wer seine Freiheit aufgibt, wer darauf brennt, sie aufzugeben, tritt ein in das Reich der Lächerlichkeit, das an die berühmtesten Stücke Ionescos erinnert und in der Literatur die Inspiration für Komödien ist. Wer frei ist, mag verrückt, dumm, abstoßend oder unglücklich sein, eben weil er frei ist, doch er ist gewiss nicht lächerlich. Als menschliches Wesen besitzt er eine Dimension. Ich selbst war lächerlich genug gewesen, als ich Consuela hatte. Aber in den Jahren, in denen ich in dem monotonen Melodram ihres Verlustes gefangen war? Mein Sohn, beherrscht von seiner Verachtung für das Leben, das ich ihm vorgelebt habe, entschlossen, verantwortlich zu sein, wo ich verantwortungslos war, unfähig, sich von irgendjemandem, vor allem aber von mir, zu befreien – mein

Sohn will davon vielleicht gar nichts wissen, doch ich gehe durch die Welt und beharre darauf, dass ich es besser weiß. Und dennoch schleicht das Äußere sich ein. Die Eifersucht schleicht sich ein. Die Bindung schleicht sich ein. Das ewige Problem der Bindung. Nein, nicht mal das Vögeln kann ganz rein und beschützt bleiben. Und das ist der Punkt, an dem ich versage. Der große Propagandist des Vögelns, und dabei bin ich nicht besser als Kenny. Natürlich ist darin nicht die Reinheit, von der Kenny träumt, aber auch nicht die Reinheit, von der ich träume. Wenn zwei Hunde ficken, scheint Reinheit da zu sein. Da, bei den Tieren, denken wir, ist reines Ficken. Doch wenn wir mit ihnen darüber sprechen könnten, würden wir vielleicht feststellen, dass es selbst bei Hunden eine hündische Spielart dieser verrückten Verzerrungen durch Sehnsucht, Vernarrtheit, Besitzansprüche, ja vielleicht sogar durch Liebe gibt.

Dieses Bedürfnis. Diese Gestörtheit. Hört das nie auf? Nach einer Weile weiß ich nicht mal mehr, wonach ich mich so verzweifelt sehne. Nach ihren Brüsten? Nach ihrer Seele? Nach ihrer Jugend? Nach ihrem schlichten Gemüt? Vielleicht ist es schlimmer als das – vielleicht sehne ich mich jetzt, da mein Tod näher rückt, insgeheim auch danach, nicht frei zu sein.

Die Zeit vergeht. Die Zeit vergeht. Ich habe neue Freundinnen. Ich habe Freundinnen, die Studentinnen sind. Alte Freundinnen, die ich vor zwanzig, dreißig Jahren hatte, tauchen wieder auf. Manche sind bereits mehrmals geschieden, andere waren so sehr damit beschäftigt, Karriere zu machen, dass sie nicht mal Gelegenheit fanden zu heiraten. Diejenigen, die noch immer allein sind, rufen mich an und beklagen sich über die Männer, mit denen sie sich verabreden. Verabredungen sind grässlich, Beziehungen sind unmöglich, Sex ist gefährlich. Die Männer sind entweder narzisstisch, humorlos, verrückt, besessen, anmaßend, grob, oder sie sind gut aussehend, männlich und rücksichtslos untreu, oder sie sind lasche Hampelmänner, oder sie sind impotent, oder sie sind ganz einfach zu dumm. Die Frauen, die noch in den Zwanzigern sind, haben diese Probleme nicht, weil sie noch immer auf die Freundschaften zurückgreifen können, die sie auf der Universität geschlossen haben, wo sich natürlich alles mischt, doch die etwas älteren, die Mittdreißigerinnen, sind derart in ihrer Arbeit eingespannt, dass viele, wie ich jetzt entdecke, die Dienste professioneller Vermittler in Anspruch nehmen, um einen Mann zu finden. Und in einem bestimmten Alter hören sie ohnehin auf, neue Leute kennen zu lernen. Wie eine der Desillusionierten mir sagte: «Wer sind denn diese neuen Leute, wenn man sie wirklich kennen lernt? Es sind die alten Leute mit anderen Masken. An ihnen ist überhaupt nichts Neues. Es sind bloß *Leute*.»

Die Vermittlungsagenturen unterscheiden sich im Preis der Jahresmitgliedschaft – als Gegenleistung dafür garantieren sie eine bestimmte Anzahl von Vorschlägen. Manche Agenturen berechnen ein paar hundert Dollar, manche ein paar tausend, und ich weiß von einer auf die Vermittlung von, wie es heißt, «hochklassigen Partnern» spezialisierten Agentur, die über einen Zeitraum von zwei Jahren bis zu fünfundzwanzig Begegnungen arrangiert, allerdings für nicht weniger als einundzwanzigtausend Dollar. Ich dachte, ich hätte mich verhört, aber nein, es stimmte: Das Honorar beträgt einundzwanzigtausend Dollar. Tja, es ist schwer für Frauen, sich auf solche Transaktionen einzulassen, nur um einen Mann zu finden, der sie heiratet und Kinder zeugt; kein Wunder, dass sie spätabends bei ihrem alten Exprofessor auftauchen, um mit ihm auf dem Sofa zu sitzen und zu reden und manchmal, in ihrer Einsamkeit, auch über Nacht zu bleiben. Kürzlich war eine hier, die versuchte, darüber hinwegzukommen, dass sie bei einer ersten Verabredung mit einem Mann, den sie als «Extremurlaubstypen» beschrieb, als einen «Superabenteurer, der auf Löwenjagden und Surfen an gefährlichen Stränden steht», mitten im Essen sitzen gelassen worden war. «Es ist ein raues Leben, David», sagte sie. «Weil es noch nicht mal Verabredungen sind, sondern bloß *Versuche*, sich zu verabreden. Ich habe mich stoisch damit abgefunden, dass ich eine Agentur bezahlen muss», sagte sie, «aber nicht mal *das* funktioniert.»

Elena, die gutherzige Elena Hrabovsky, vorzeitig ergraut, vielleicht *wegen* der Agentur. Ich sagte zu ihr: «Es muss eine riesige Belastung für dich sein – die Fremden, die Gesprächspausen, selbst die Unterhaltungen», und sie fragte mich: «Glaubst du, wenn jemand so erfolgreich ist wie ich, muss das so sein?» Elena ist Augenärztin, müssen Sie wissen, und hat sich mit enormer Energie und innerer Kraft aus kleinsten Verhältnissen emporgearbeitet. «Das Leben stellt einen vor Rätsel», sagte sie, «und man wird sehr misstrauisch und sagt schließlich: Ach, was soll's? Es ist jammerschade, aber irgendwann verlässt einen die Kraft. Einige von diesen Männern sind attraktiver als der Durchschnitt. Gebildet. Die meisten haben ein gutes Einkommen. Aber ich fühle mich zu diesen Typen nie hingezogen. Warum ist es mit ihnen so langweilig? Vielleicht ist es langweilig, weil ich langweilig bin», sagte sie. «Sie holen einen mit schicken Wagen ab. BMWs. Unterwegs klassische Musik. Sie führen einen in hübsche kleine Restaurants aus, und die meiste Zeit sitze ich da und denke: Bitte, lieber Gott, lass mich nach Hause gehen. Ich will Kinder, ich will eine Familie, ich will ein Zuhause», sagte Elena, «aber obwohl ich emotional und körperlich imstande bin, sechs, sieben, acht Stunden im OP zu stehen, bin ich nicht mehr imstande, diese Erniedrigung zu ertragen. *Manche* Männer finden mich wenigstens beeindruckend.» «Warum auch nicht? Du bist Netzhautspezialistin. Du bist Augenchirurgin. Du bewahrst die Leute davor, blind zu werden.» «Ich weiß. Ich spreche von unverhohlener Zurückweisung», sagte sie. «Ich bin für so was nicht geschaffen.» «Wer ist das schon», antwortete ich, aber das schien sie nicht zu trösten. «Ich hab's wirklich versucht, oder, David?», sagte sie, und in ihren Augen standen Tränen. «Neunzehn Verabredungen.» «Mein Gott», sagte ich, «du hast dir nichts vorzuwerfen.»

In dieser Nacht war Elena in einem schlimmen Zustand. Sie blieb bis zum Morgengrauen und eilte dann zum Krankenhaus, um sich auf die erste Operation vorzubereiten. Keiner von uns schlief sehr viel, denn ich hielt ihr einen Vortrag über die Notwendigkeit, die Vorstellung von einer festen partnerschaftlichen Verbindung aufzugeben, und sie hörte mir zu wie die eifrige, ernsthafte, sorgfältig mitschreibende Studentin, die sie gewesen war, als wir uns in meinem Seminar zum ersten Mal begegnet waren. Ob ich ihr damit helfen konnte, weiß ich allerdings nicht. Elena ist intelligent und unerhört tüchtig, aber bei ihr entspringt der Wunsch nach einem Kind der ganz normalen Gedankenlosigkeit. Ja, diese Vorstellung weckt den Fortpflanzungstrieb, und genau das ist so mitleiderregend. Dennoch ist sie eine Folge der ganz normalen Gedankenlosigkeit: Man macht einfach den nächsten Schritt. Es ist so primitiv für eine Frau, die es derart weit gebracht hat. Doch so hat sie sich das Leben als Erwachsene immer vorgestellt, schon vor langer, langer Zeit, bevor sie erwachsen war, bevor die Erkrankungen der Netzhaut zur beherrschenden Leidenschaft wurden.

Was ich zu ihr gesagt habe? Warum fragen Sie? Brauchen Sie ebenfalls einen Vortrag darüber, wie kindisch die Vorstellung von einer festen partnerschaftlichen Verbindung ist? Denn natürlich ist sie kindisch. Das Familienleben ist kindisch, heute mehr denn je, weil das Ethos hauptsächlich durch die Kinder geschaffen wird. Wenn keine Kinder da sind, ist es noch schlimmer. Weil dann der kindische Erwachsene das Kind ersetzt. Das Leben in einer Zweierbeziehung, das Leben in einer Familie bringt in allen Beteiligten alles hervor, was kindisch ist. Warum müssen sie Nacht für Nacht im selben Bett schlafen? Warum müssen sie fünfmal am Tag miteinander telefonieren? Warum sind sie immer *zusammen*? Diese gezwungene gegenseitige Unterordnung ist jedenfalls kindisch. Diese unnatürliche Unterordnung. In irgendeiner Zeitschrift habe ich kürzlich etwas über ein berühmtes, seit vierunddreißig Jahren verheiratetes Paar aus der Medienbranche gelesen, über die großartige Leistung dieser beiden, die es geschafft haben, einander zu ertragen. Der Mann sagte der Reporterin voller Stolz: «Meine Frau und ich sagen immer, dass man die Qualität einer Ehe an der Zahl der Bissnarben auf der Zunge ablesen kann.» Wenn ich mit solchen Leuten zu tun habe, frage ich mich immer: Wofür werden sie bestraft? Vierunddreißig Jahre. Die masochistische Härte, die man dafür braucht, ist Ehrfurcht gebietend.

Ich habe einen Freund in Austin, der ein sehr erfolgreicher Schriftsteller ist. Mitte der fünfziger Jahre hat er jung geheiratet, und Anfang der siebziger Jahre wurde die Ehe geschieden. Die Frau war nett, und er hatte drei nette Kinder mit ihr – aber er wollte raus. Und er stellte sich dabei nicht hysterisch oder dumm an. Es war eine Frage der Menschenrechte: Gib mir Freiheit, oder gib mir den Tod. Tja, nach der Scheidung lebte er frei und allein und war unglücklich. Und so heiratete er nach kurzer Zeit wieder, diesmal eine Frau, mit der er keine Kinder zeugen wollte und die bereits ein eigenes Kind hatte, das schon aufs College ging. Ein Eheleben *ohne* Kinder. Nun, mit dem Sex war es nach ein paar Jahren natürlich vorbei, und dabei spreche ich von einem Mann, der während seiner ersten Ehe fortwährend untreu war und in dessen Büchern es ständig um Sex geht. Wäre er allein geblieben, dann hätte er ganz offen all das genießen können, was er während seiner ersten Ehe so oft heimlich genossen hatte. Doch kaum hat er sich von seinen Fesseln befreit, da ist er auch schon unglücklich und glaubt, er werde es für immer sein. Frei und ungebunden steht er der Fülle des Lebens gegenüber und hat doch keine Ahnung, wo er ist. Ihm fällt nichts Besseres ein, als wieder in den Zustand zurückzukehren, den er so unerträglich fand, diesmal allerdings ohne die zwingende Logik des Wunsches, verheiratet zu sein, um Kinder zu bekommen, eine Familie zu gründen et cetera. Der Reiz der Heimlichkeit? Ich will das nicht herunterspielen. Die Ehe ist bestenfalls ein verlässliches Stimulans für die Erregungen, die heimliche Seitensprünge bereithalten. Doch mein Freund brauchte etwas, was ihm mehr Sicherheit bot als das tägliche Drama des Ehebrechers, der einen Fluss von Lügen durchwatet. Als er ein zweites Mal heiratete, ging es ihm nicht um diesen Kitzel, auch wenn er, kaum dass er wieder Ehemann war, begann, sich den alten Vergnügungen hinzugeben. Ein Teil des Problems liegt darin, dass die Emanzipation des Mannes nie einen Fürsprecher gehabt hat, nie Bestandteil der Erziehung gewesen ist. Sie hat keinen gesellschaftlichen Stellenwert, weil man nicht will, dass sie einen gesellschaftlichen Stellenwert hat. Doch die Lebensumstände dieses Mannes erlaubten es ihm, seine Möglichkeiten voll auszuschöpfen, und sei es nur um der Würde willen. Aber sich beugen und immer wieder beugen? Beschwichtigen und immer wieder beschwichtigen? Und immer wieder davon träumen, einfach zu gehen? Nein, das ist kein würdiges Leben für einen Mann. Und, wie ich zu Elena sagte, für eine Frau ebenfalls nicht.

Konnte ich sie überzeugen? Ich weiß es nicht. Ich glaube nicht. Habe ich Sie überzeugen können? Warum lachen Sie? Was ist so komisch? Meine Schulmeisterei?

Ich muss Ihnen Recht geben: Die Absurditäten, die man offenbart, sind nie unbeeindruckend. Aber was soll ich tun? Ich bin Kritiker, ich bin Lehrer – die Schulmeisterei ist mein Schicksal. Die Geschichte besteht aus Argument und Gegenargument. Entweder man setzt seine Vorstellungen durch, oder man wird untergebuttert. Für eines von beiden muss man sich entscheiden – ob einem das nun gefällt oder nicht. Es gibt immer widerstreitende Kräfte, und darum befindet man sich immer im Krieg, es sei denn, man findet außerordentlichen Gefallen daran, sich unterzuordnen.

Ich bin kein Kind dieser Zeit. Das sehen Sie. Das hören Sie. Ich habe mein Ziel unter Einsatz eines stumpfen Gegenstandes erreicht. Ich habe mein häusliches Leben und diejenigen, die darüber gewacht haben, mit einem Hammer erledigt. Kennys Leben ebenfalls. Daher ist es nicht verwunderlich, dass ich noch immer den Hammer schwinge. Und es ist auch nicht verwunderlich, dass mein Beharren mich für Sie, der Sie ein Kind dieser Zeit sind und nie auf irgendeines von diesen Dingen haben beharren müssen, eine komische Figur bin, nicht unähnlich dem Dorfatheisten.

Doch nun genug gelacht – lassen Sie den Lehrer zum Ende kommen. Natürlich, wenn Genuss, Erfahrung und Alter Themen sind, die Sie nicht mehr interessieren ... Ach, das interessiert Sie? Dann denken Sie über mich, was Sie wollen, aber warten Sie bis zum Ende.

Das vergangene Weihnachten. Weihnachten 1999. In jener Nacht träumte ich von Consuela. Ich war allein und träumte, dass ihr irgendetwas passierte, und ich dachte, ich sollte sie anrufen. Aber als ich im Telefonbuch nachsah, stand sie nicht mehr darin, und weil ich mir unter Georges lenkendem Einfluss nicht gestattet hatte, mich erneut jener Erregung hinzugeben, die mich hätte zerstören können, hatte ich darauf verzichtet, mir die Adresse in der Upper East Side zu notieren, auf die ich vor Jahren, als sie ihre erste Stelle angetreten hatte, im Telefonbuch gestoßen war. Nun, eine Woche später, am Silvesterabend, war ich allein in meinem Wohnzimmer, ohne weibliche Gesellschaft. Ich war absichtlich allein und spielte Klavier, denn ich wollte die Feiern zur Jahrtausendwende ignorieren. Sofern man nicht von Sehnsucht erfüllt ist, kann ein zurückgezogenes Leben ein großer Genuss sein, und den wollte ich an jenem Abend auskosten. Mein Anrufbeantworter war eingeschaltet – auch an anderen Tagen nehme ich, wenn das Telefon läutet, nicht den Hörer ab, sondern höre mir an, wer es ist. Und besonders in dieser Nacht war ich entschlossen, mir von niemandem auch nur ein einziges Wort über «Y2K» anzuhören, und darum spiele ich, als das Telefon läutet, einfach weiter, bis mir plötzlich bewusst wird, dass die Stimme, die ich höre, ihre ist. «Hallo, David. Ich bin's – Consuela. Es ist lange her, dass wir miteinander gesprochen haben, und es ist seltsam, dich anzurufen, aber ich will dir etwas sagen. Ich will es dir selbst sagen, bevor du es von jemand anders erfährst. Oder durch Zufall. Ich rufe dich später nochmal an. Aber für alle Fälle gebe ich dir meine Handy-Nummer.»

Erstarrt lauschte ich ihrer Nachricht. Zunächst nahm

ich den Hörer nicht ab, und als ich es schließlich tat, war es zu spät, und ich dachte: Mein Gott, ihr ist tatsächlich etwas passiert. Und weil George tot war, befürchtete ich für Consuela das Schlimmste. Ja, George ist gestorben. Haben Sie den Nachruf in der *Times* nicht gelesen? George O'Hearn ist vor fünf Monaten gestorben. Ich habe meinen besten Freund verloren. Ich habe jetzt praktisch gar keinen Freund mehr. Es ist ein großer Verlust – die Kameraderie, die zwischen uns war, fehlt mir. Ich habe natürlich Kollegen, Leute, die ich bei meiner Arbeit sehe und mit denen ich ein paar Worte wechsle, aber die Überzeugungen, nach denen sie ihr Leben ausrichten, stehen derart im Widerspruch zu meinen, dass es schwierig ist, frei miteinander zu reden. Wir haben keine gemeinsame Sprache, um uns über unser persönliches Leben auszutauschen. Mein männlicher Freundeskreis bestand einzig und allein aus George, vielleicht weil die Klasse der Männer, zu der wir gehören, ohnehin nur sehr klein ist. Und ein einziger Waffenbruder ist genug; es ist gar nicht nötig, die ganze Gesellschaft auf seiner Seite zu haben. Ich stelle fest, dass die meisten anderen Männer, die ich kenne – besonders, wenn sie mich mal mit einer meiner jungen Geliebten gesehen haben –, mich entweder insgeheim verurteilen oder mir unverhohlen Predigten halten. Ich bin ein «beschränkter Mann», sagen sie – sie, die nicht beschränkt sind. Und diese Prediger können richtig wütend werden, wenn ich die Wahrheit ihrer Argumente nicht anerkenne. Ich bin «selbstgefällig», sagen sie – sie, die nicht selbstgefällig sind. Die Gequälten wollen selbstverständlich nichts mit mir zu tun haben. Keiner der Verheirateten schüttet mir je sein Herz aus. Zwischen uns gibt es keinerlei Affinität. Vielleicht reservieren sie ihre Vertraulichkeiten füreinander, obgleich ich da meine Zweifel habe – ich glaube nicht, dass männliche Solidarität heutzutage sehr weit reicht. Ihr Heldentum besteht nicht nur im stoischen Ertragen der Tatsache, dass sie tagtäglich verzichten, sondern auch darin, dass sie mit Sorgfalt ein verlogenes Bild von ihrem Leben präsentieren. Ihr wahres, unbeschönigtes Leben bekommen nur ihre Therapeuten zu sehen. Ich will nicht behaupten, dass sie alle mir wegen meines Lebenswandels feindselig gegenüberstehen und mir nur Schlechtes wünschen, aber man kann wohl sagen, dass ich nicht Gegenstand allgemeiner Bewunderung bin. Jetzt, da George tot ist, erfahre ich Solidarität nur noch von Frauen wie Elena, die einst meine Freundinnen waren. Sie können mir nicht dasselbe bieten wie George, aber immerhin scheine ich ihre Toleranz nicht über Gebühr zu strapazieren.

Sein Alter? George war fünfundfünfzig. Ein Schlaganfall. Er hatte einen Schlaganfall. Ich war dabei. Ebenso wie achthundert andere. Es war in der Young Men's Hebrew Association. An einem Samstagabend im September. Er sollte eine Lesung halten. Ich stand am Rednerpult und stellte ihn vor, und er saß auf einem Stuhl in den Kulissen neben der Bühne, hörte sich meine Einführung mit Vergnügen an und nickte zustimmend. George trug seinen eng geschnittenen Bestattungsunternehmer-Anzug und hatte die langen, dünnen Beine ausgestreckt – der biegsame George in seinem Anzug war ein Drahtkleiderbügel von einem dunklen, hakennasigen Iren. Anscheinend hatte er den Schlaganfall, während er, seine sechs Gedichtbände auf dem Schoß, darauf wartete, in düsterem Schwarz auf die Bühne zu treten und das Publikum ganz und gar in seinen Bann zu schlagen. Denn als der Applaus erklang und er sich erheben wollte, fiel er einfach vom Stuhl, und dieser fiel auf ihn. Sein Werk lag über den Boden verstreut. Die Ärzte dachten, er würde das Krankenhaus nicht mehr lebend verlassen, aber er blieb eine Woche bewusstlos, und dann holte seine Familie ihn zum Sterben nach Hause.

Auch dort war er die meiste Zeit ohne Bewusstsein. Die linke Seite gelähmt. Stimmbänder gelähmt. Ein großer Teil des Gehirns einfach ausgefallen. Sein Sohn Tom ist Arzt, und er beaufsichtigte das Sterben, das weitere neun Tage dauerte. Er entfernte den Tropf, den Katheter, alles. Wenn George die Augen aufschlug, schoben sie ihm ein Kissen in den Rücken und gaben ihm Wasser zu trinken und Eiswürfel zu lutschen. Im Übrigen sorgten sie dafür, dass er es so bequem wie möglich hatte, während er quälend langsam vom Leben in den Tod hinüberglitt.

Jeden Nachmittag fuhr ich, wenn ich meine Arbeit beendet hatte, nach Pelham, um ihn zu besuchen. George war mit seiner Familie hinaus nach Pelham gezogen, um in Manhattan, wo er an der New School unterrichtete, freie Hand zu haben. Manchmal standen fünf oder sechs Wagen in der Einfahrt, wenn ich dort eintraf. Die Kinder wechselten sich an seinem Bett ab, und manchmal hatten sie das eine oder andere Enkelkind dabei. Eine Krankenschwester kümmerte sich um ihn und gegen Ende auch eine Hospizpflegerin. Kate, Georges Frau, war natürlich rund um die Uhr da. Ich ging ins Schlafzimmer, setzte mich für fünfzehn oder zwanzig Minuten an das Krankenhausbett, das man dort aufgestellt hatte, und nahm seine Hand, die Hand, in der er noch etwas spürte, doch er war immer ohne Bewusstsein. Schweres Atmen. Stöhnen. Das gesunde Bein zuckte hin und wieder, aber mehr geschah nicht. Ich strich ihm über das Haar, über die Wange, drückte seine Hand, doch es kam keine Reaktion. Ich saß da und hoffte, er würde zu sich kommen und mich erkennen, und dann fuhr ich nach Hause. Eines Nachmittags kam ich dorthin, und sie sagten, es sei so weit: Er sei aufgewacht. Geh rein, geh rein, sagten sie.

Sie hatten das Kopfteil des Betts halb hochgeklappt und George ein Kissen in den Rücken geschoben. Seine Tochter Betty fütterte ihn mit Eis. Sie zerkleinerte Eissplitter mit den Zähnen und schob ihm kleine Stücke in den Mund. George versuchte, sie auf der Seite des Mundes, auf der er noch etwas spürte, zu zerkauen. Er sah wirklich sehr abgezehrt aus – so dünn –, doch er hatte die Augen geöffnet, und er verwendete alle Konzentration, die ihm geblieben war, darauf, das Eis zu kauen. Kate stand in der Tür und sah ihm zu, eine beeindruckende, weißhaarige Frau, beinahe so groß wie George, aber massiger als bei unserer letzten Begegnung und auch viel müder. Attraktiv gerundet, hart im Nehmen, mit einem trockenen Humor und einer Art widerspenstiger Herzlichkeit – das war Kate in mittleren Jahren. Eine Frau, die sich stets der Wirklichkeit gestellt hatte und die jetzt völlig erschöpft wirkte, als hätte sie ihre letzte Schlacht geschlagen und verloren.

Tom brachte einen feuchten Waschlappen aus dem Badezimmer. «Willst du dich ein bisschen frisch machen, Dad?», sagte er. «Wie viel kriegt er mit?», fragte ich Tom. «Wie viel versteht er?» «Zeitweise scheint er einiges zu verstehen», antwortete er. «Und dann wieder gar nichts.» «Seit wann ist er jetzt wach?» «Seit etwa einer halben Stunde. Geh zu ihm. Sprich mit ihm, David. Über Stimmen scheint er sich zu freuen.»

Freuen? Seltsames Wort. Aber Tom ist immer und überall der joviale Arzt. Ich trat an Georges nicht gelähmte Seite, während Tom das Gesicht seines Vaters mit dem Waschlappen abwischte. George nahm ihm den Lappen ab: Zu aller Überraschung griff er mit seiner gesunden Hand danach, packte ihn und stopfte ihn sich in den Mund. Jemand sagte: «Er ist ganz ausgetrocknet.» George schob einen Zipfel des Waschlappens in seinem Mund herum und saugte daran. Als er ihn herauszog, klebte etwas daran. Es sah aus wie ein Stückchen Gaumenschleimhaut. Betty hielt hörbar den Atem an, und die Hospizpflegerin, die ebenfalls im Zimmer war, klopfte ihr auf den Rücken und sagte: «Nicht schlimm. Sein Mund ist so ausgetrocknet – das ist bloß ein kleiner Hautfetzen.»

Der Mund war schief und stand offen, jener vom Tod gezeichnete Mund der Sterbenden, doch seine Augen blickten klar, und hinter ihnen schien sogar noch etwas zu sein, etwas von George, das noch nicht nachgegeben hatte. Wie die nach der Bombenexplosion beschädigte Mauer, die noch steht. Mit demselben wütenden Ungestüm, mit dem er nach dem Waschlappen gegriffen hatte, schlug er die Bettdecke zurück und zerrte am Klettverschluss seiner Windel; er versuchte, das Ding auszuziehen, und enthüllte dabei die Mitleid erregenden Stöcke, die seine Beine gewesen waren. Sie erinnerten mich an die Wolframfäden in einer durchgebrannten Glühbirne. Alles an ihm, alles, was aus Fleisch und Blut war, erinnerte mich an irgendetwas Unbelebtes. «Nein, nein», sagte Tom. «Lass das, Dad. Es ist gut so.» Aber George hörte nicht auf. Er zerrte weiter und versuchte vergeblich, die Windel auszuziehen. Als ihm das nicht gelang, hob er die Hand und zeigte mit einer Art Knurren auf Betty. «Was?», fragte sie. «Ich kann dich nicht verstehen. Was willst du? Was?» Die Geräusche, die er von sich gab, waren unverständlich, doch aus seinen Gebärden ging klar hervor, dass sie sich so dicht wie möglich über ihn beugen sollte. Als sie das tat, legte er seinen Arm um sie und zog sie an sich, sodass er sie auf den Mund küssen konnte. «O ja, Daddy», sagte sie, «ja, du bist der beste Vater, der Allerbeste.» Das Erstaunliche war diese Kraft, die nach all den Tagen, in denen er leblos, ausgemergelt dagelegen hatte, in denen er sich irgendwie ans Leben geklammert hatte und jeder Atemzug wie sein letzter gewesen war, in ihm aufstieg – diese große Kraft, mit der er Betty an sich zog und zu sprechen versuchte. Vielleicht, dachte ich, sollten sie ihn nicht sterben lassen. Was, wenn in ihm noch mehr ist, als sie glauben? Was, wenn es das ist, was er ihnen zeigen will? Was, wenn er nicht von ihnen Abschied nimmt, sondern sagt: «Gebt mich nicht auf. Tut alles, was in eurer Macht steht, um mich zu retten.»

Dann zeigte George auf mich. «Hallo, George», sagte ich. «Hallo, mein Freund. Ich bin's, David.» Und als ich mich über ihn beugte, packte er mich, wie er Betty gepackt hatte, und küsste *mich* auf den Mund. Ich nahm keinen nekrotischen Geruch wahr, keinen Gestank nach Krankheit, nein, überhaupt keinen Gestank, sondern nur warmen, geruchlosen Atem, den reinen Duft des Seins und die beiden ausgetrockneten Lippen. Es war das erste Mal, dass George und ich uns küssten. Wieder ein Grunzen, und nun zeigte er auf Tom. Auf Tom und dann auf seine Füße, die unbedeckt waren. Als Tom, der dachte, George wolle seine Beine zugedeckt haben, begann, die Decke zurechtzuziehen, grunzte George lauter und zeigte abermals auf seine Füße. «Er will, dass du sie hältst», sagte Betty. «Aber in dem einen spürt er doch gar nichts», sagte Tom. «Dann nimm den anderen», sagte Betty. «Okay, Dad, ich hab verstanden, ich hab dich verstanden.» Und Tom begann geduldig den Fuß zu massieren, in dem George etwas spürte.

Dann zeigte George auf die Tür, in der Kate stand und zusah. «Er will dich, Ma», sagte Betty. Ich machte Platz, und Kate kam und stellte sich dorthin, wo ich gestanden hatte, neben das Bett, und George streckte seinen gesunden Arm nach ihr aus, zog sie an sich und küsste sie so heftig wie zuvor Betty und mich. Kate erwiderte den Kuss. Dann küssten sie sich noch einmal, lange diesmal, und es war ein recht leidenschaftlicher Kuss. Kate schloss sogar die Augen. Sie ist eine außerordentlich unsentimentale, nüchterne Frau, und ich hatte sie noch nie zuvor so mädchenhaft erlebt.

Inzwischen war Georges gesunde Hand von ihrem Rücken zu ihrem rechten Arm gewandert, und er begann, am Knopf der Blusenmanschette herumzufingern. Er versuchte, ihn zu öffnen. «George», flüsterte Kate. Es klang amüsiert. «Georgie, Georgie ...» «Hilf ihm doch, Ma. Er will den Knopf aufmachen.» Kate lächelte über die Anweisung ihrer gefühlvollen Tochter und öffnete den Knopf, aber George machte sich bereits an der Manschette des anderen Ärmels zu schaffen, und so knöpfte sie diese ebenfalls auf. Und die ganze Zeit reckte er sich gierig nach ihren Lippen. Kate liebkoste sein eingefallenes Gesicht, dieses immens einsame, hohlwangige Gesicht, und küsste ihn auf den Mund, wann immer er ihn darbot, und dann strich George über die Knopfleiste der Bluse und zupfte daran herum.

Was er wollte, war klar: Er versuchte, sie auszuziehen. Er versuchte, diese Frau auszuziehen, die er, wie ich wusste und wie sicher auch die Kinder wussten, im Bett seit Jahren nicht mehr angerührt hatte. Die er überhaupt kaum noch angerührt hatte. «Lass ihn, Ma», sagte Betty, und Kate tat abermals, was ihre Tochter gesagt hatte. Sie griff mit der eigenen Hand nach den Knöpfen und half George, sie zu öffnen. Und als sie sich wieder küssten, griff er nach dem Stoff ihres großen BHs. Doch hier kam das abrupte Ende. Unvermittelt verließ ihn die Kraft, und er schaffte es nicht mehr, über ihre schweren Brüste zu streichen. Es dauerte noch zwölf Stunden, bis er starb, doch als er sich mit geschlossenen Augen und offenem Mund auf das Kissen zurückfallen ließ, schwer atmend wie einer, der am Ende eines Rennens zusammengebrochen ist, wussten wir alle, dass wir Zeugen der letzten erstaunlichen Tat in Georges Leben gewesen waren.

Später, als ich mich verabschiedete und zur Tür ging, trat Kate mit mir auf die Vorderveranda und begleitete mich die Einfahrt entlang bis zu meinem Wagen. Sie nahm meine Hände und dankte mir dafür, dass ich gekommen war. Ich sagte: «Ich bin froh, dass ich hier war und das alles gesehen habe.» «Ja, das war schon was, nicht?», sagte Kate. Und dann fügte sie mit ihrem müden Lächeln hinzu: «Ich frage mich, für wen er mich gehalten hat.»

George war also erst fünf Monate tot, als Consuela anrief und ihre Nachricht auf meinen Anrufbeantworter sprach: «Ich will dir etwas sagen. Ich will es dir selbst sagen, bevor du es von jemand anders erfährst.» Tja, wie gesagt, ich hörte es und dachte, dass nun *ihr* etwas passiert war. So etwas – ein warnendes Vorgefühl, gefolgt von seiner Erfüllung – ist schon unheimlich genug, wenn man es nur träumt, aber im wirklichen Leben? Ich wusste nicht, was ich tun sollte. Sollte ich sie zurückrufen? Ich dachte eine Viertelstunde darüber nach. Schließlich tat ich es nicht, denn ich hatte Angst. Warum ruft sie mich an? Was kann der Grund sein? Ich habe mein Leben wieder in der Hand, und es verläuft in ruhigen Bahnen. Habe ich genug Widerstandskraft für Consuela und ihr aggressives Nachgeben? Ich bin nicht mehr zweiundsechzig – ich bin siebzig. Kann ich in diesem Alter den Wahnsinn der Ungewissheit aushalten? Kann ich es wagen, abermals in diese wilde Trance zu fallen? Ist das gut für meine Gesundheit?

Ich erinnerte mich daran, dass ich in den drei Jahren, nachdem ich sie verloren hatte, nur an sie gedacht hatte, selbst wenn ich im Dunkeln aufgestanden war, um zu pinkeln: Selbst vor der Toilettenschüssel, um vier Uhr morgens und zu sieben Achteln schlafend, hatte der zu einem Achtel wache David Kepesh ihren Namen gemurmelt. Wenn ein alter Mann in der Nacht pinkelt, ist sein Kopf normalerweise vollkommen leer. Wenn er überhaupt imstande ist, an irgendetwas zu denken, dann daran, dass er gleich wieder ins Bett gehen wird. Bei mir war es anders, damals. «Consuela, Consuela, Consuela» – jedes Mal, wenn ich aufstand, um zu pinkeln. Und wohlgemerkt: Sie hatte mir das ohne Worte angetan, ohne Vorsatz, ohne Gerissenheit, ohne einen Hauch von böser Absicht, ohne einen Gedanken an Ursache und Wirkung. Wie ein großer Sportler oder eine idealisierte Skulptur oder ein Tier, das man für einen kurzen Augenblick im Wald gesehen hat, wie Michael Jordan, wie ein Maillol, wie eine Eule, eine Wildkatze hatte sie es durch die Schlichtheit körperlicher Vollendung getan. In Consuela war nicht eine Spur von Sadismus. Nicht einmal jener Sadismus der Gleichgültigkeit, der oft mit solcher Perfektion einhergeht. Für diese Art von Grausamkeit war sie zu geradlinig und viel zu gutherzig. Doch man stelle sich vor, was sie mit mir hätte tun können, wenn sie nicht zu gut erzogen gewesen wäre, um die Amazonenkraft, die diese Vollkommenheit ihr verlieh, bis zum Äußersten auszunutzen; man stelle sich vor, was sie hätte tun können, wenn sie auch ein Amazonenbewusstsein besessen und mit der Berechnung eines Machiavelli ihre Wirkung erfasst hätte. Glücklicherweise war sie, wie die meisten Menschen, nicht darin geübt, die Dinge zu durchdenken, und obgleich sie es war, die das, was zwischen uns geschah, möglich machte, begriff sie nie ganz, was eigentlich geschah. Hätte sie es begriffen und darüber hinaus nur ein kleines bisschen Geschmack daran gefunden, einen völlig vernarrten Mann zu quälen, dann wäre ich verloren gewesen, ganz und gar vernichtet durch meinen eigenen Weißen Wal.

Doch nun war sie wieder da. Nein, auf keinen Fall! Nie wieder ein solcher Angriff auf meinen inneren Frieden!

Aber dann dachte ich: Sie sucht nach mir, sie braucht mich, und zwar nicht als Liebhaber, nicht als Lehrer, nicht um ein neues Kapitel unserer erotischen Geschichte zu schreiben. Also wählte ich ihre Handy-Nummer und log und sagte, ich hätte noch etwas eingekauft und sei eben erst zurückgekommen, und sie sagte: «Ich sitze im Wagen. Als ich die Nachricht hinterlassen habe, stand ich vor deinem Haus.» Ich sagte: «Wieso fährst du am Silvesterabend in New York herum?» «Ich weiß nicht, wieso», sagte sie. «Weinst du, Consuela?» «Nein, noch nicht.» «Hast du geläutet?», fragte ich. «Nein, ich habe mich nicht getraut.» «Du kannst immer bei mir läuten, immer. Das weißt du doch. Was ist los?» «Ich brauche dich, jetzt.» «Dann komm.» «Hast du Zeit?» «Für dich habe ich immer Zeit. Komm.» «Es ist wichtig. Ich bin gleich da.»

Ich legte auf und wusste nicht, was ich erwarten sollte. Etwa zwanzig Minuten später hielt ein Wagen vor dem Haus, und im selben Augenblick, als ich ihr die Tür öffnete, wusste ich, dass etwas nicht in Ordnung war. Sie trug nämlich eine Mütze, die wie ein Fes aussah. Und das war etwas, was sie nie tragen würde. Sie hat dunkles, schwarzes Haar, glattes, geschmeidiges Haar, das sie immer pflegte, das sie immer wusch, bürstete, kämmte; alle zwei Wochen ging sie zum Friseur. Und jetzt stand sie da und hatte einen Fes auf dem Kopf. Außerdem trug sie einen modischen Mantel, einen beinahe knöchellangen schwarzen Persianermantel mit Gürtel, und als sie den Gürtel öffnete, sah ich unter dem Mantel die Seidenbluse und das Dekolleté – wunderschön. Also umarmte ich sie, und sie umarmte mich, und dann gab sie mir ihren Mantel, und ich sagte: «Und dein Hut? Dein Fes?», und sie sagte: «Lieber nicht. Die Überraschung wäre zu groß.» Ich sagte: «Warum?» Und sie sagte: «Weil ich sehr krank bin.»

Wir gingen ins Wohnzimmer, und dort umarmte ich sie abermals, und sie presste sich an mich, und man spürt ihren Busen, diesen phantastischen Busen, und man sieht über ihre Schultern den phantastischen Hintern. Man sieht ihren phantastischen Körper. Sie ist jetzt in den Dreißigern, zweiunddreißig, und nicht weniger schön, sondern eher noch schöner als zuvor, und ihr Gesicht, das irgendwie ein bisschen länger geworden zu sein scheint, ist noch viel fraulicher als früher – und sie sagt: «Ich habe keine Haare mehr. Im Oktober habe ich erfahren, dass ich Krebs habe. Ich habe Brustkrebs.» Ich sagte: «Wie furchtbar, das ist ja schrecklich, wie geht es dir, wie geht man mit so etwas um?» Ihre Chemotherapie hatte Anfang November begonnen, und bald darauf hatte sie alle Haare verloren. Sie sagte: «Ich muss dir die ganze Geschichte erzählen», und wir setzten uns, und ich sagte: «Ja, erzähl mir alles.» «Also, meine Tante, die Schwester meiner

Mutter, hatte Brustkrebs. Sie wurde behandelt und hat eine Brust verloren. Ich wusste also, dass meine Familie gefährdet ist. Ich habe es immer gewusst, und ich hatte immer Angst davor.» Und die ganze Zeit, während sie mir das erzählte, dachte ich: Ausgerechnet du, mit den schönsten Brüsten der Welt. Und sie sagte: «Eines Morgens unter der Dusche fühlte ich etwas in der Achselhöhle, und ich wusste, dass da etwas nicht in Ordnung war. Ich ging zu meiner Ärztin, und sie sagte, es sei wahrscheinlich nichts Ernsthaftes, also ging ich zu einer zweiten und einer dritten Ärztin – du weißt ja, wie das geht –, und die dritte sagte, es sei eben doch etwas Ernsthaftes.» «Und bist du in Panik geraten?», fragte ich sie. «Bist du in Panik geraten, meine schöne Freundin?» Ich war so erschüttert, dass *ich* in Panik geriet. «Ja», sagte sie, «sehr.» «Nachts?» «Ja, ich bin in meiner Wohnung herumgelaufen. Ich war vollkommen durchgedreht.» Als ich das hörte, begann ich zu weinen, und wir umarmten uns noch einmal, und ich sagte: «Warum hast du mich nicht angerufen? Warum hast du mich damals nicht angerufen?» Und wieder sagte sie: «Ich habe mich nicht getraut.» Und ich sagte: «Und wen wolltest du anrufen?» Und sie sagte: «Meine Mutter natürlich. Aber ich wusste, dass sie ebenfalls in Panik geraten würde, weil ich ihre Tochter bin, ihre einzige Tochter, und weil sie so emotional ist, und weil alle anderen tot sind. Sie sind alle tot, David.» «Wer ist tot?» «Mein Vater.» «Wie ist das passiert?» «Ein Flugzeugabsturz. Er saß in der Maschine nach Paris. Es war eine Geschäftsreise.» «O nein.» «Doch.» «Und dein Großvater, den du so geliebt hast?» «Er ist auch gestorben. Vor sechs Jahren. Mit ihm hat es angefangen. Ein Herzinfarkt.» «Und deine Großmutter, die mit den Rosenkränzen? Deine Großmutter, die eine Herzogin war?» «Sie ist auch tot. Sie ist nach ihm gestorben. Sie war alt und ist gestorben.» «Aber dein kleiner Bruder …» «Nein, nein, dem geht es gut. Aber ihn konnte ich nicht anrufen, nicht wegen so etwas. Er würde damit nicht zurechtkommen. Und dann dachte ich an dich. Aber ich wusste nicht, ob du allein warst.» «Das ist kein Problem. Versprich mir jetzt eins: Wenn du in Panik gerätst, egal, wann – ob nachts oder tagsüber –, dann ruf mich an. Ich werde sofort kommen. Hier», sagte ich, «schreib mir deine Adresse auf. Und all deine Telefonnummern: die Privatnummer, die Büronummer, alle.» Und ich dachte: Sie stirbt vor meinen Augen, auch sie stirbt jetzt. Die Instabilität brauchte nur mit dem vorhersehbaren Tod eines geliebten alten Großvaters in das heimelige kubanische Familienleben einzubrechen, um eine rasche Folge von Katastrophen auszulösen, deren Höhepunkt jetzt ihr Krebs ist.

Ich sagte: «Fürchtest du dich jetzt?» Und sie sagte: «Ja, sehr. Ich habe große Angst. Zwei Minuten lang geht es mir gut, ich denke an etwas anderes, und dann habe ich auf einmal das Gefühl, als hätte ich dort, wo sonst mein Magen ist, ein Loch, und ich kann nicht glauben, dass das alles wirklich passiert. Es ist wie eine Achterbahnfahrt, die nicht aufhört. Sie hört erst auf, wenn der *Krebs* aufhört. Meine Chancen», sagte sie, «stehen sechzig Prozent, dass ich überlebe, zu vierzig Prozent, dass ich sterbe.» Und dann begann sie davon zu sprechen, wie schön das Leben sei und wie Leid ihr vor allem ihre Mutter tue – die banalen, unvermeidlichen Dinge, die man sagt. Ich wollte noch so vieles tun, ich hatte noch so viele Pläne und so weiter. Sie erzählte mir, wie dumm ihr die kleinen Ängste, die sie ein paar Monaten zuvor gehabt hatte, jetzt erschienen, die Sorgen, die sich um Arbeit und Freunde und Kleider gedreht hätten, und dass die Krankheit das alles in die richtige Perspektive gerückt habe, und ich dachte: Nein, nichts rückt irgendetwas in die richtige Perspektive.

Ich sah sie an, ich hörte ihr zu, und als ich es nicht mehr ertragen konnte, sagte ich: «Macht es dir etwas aus, wenn ich deine Brüste berühre?» Sie sagte: «Nein, tu's ruhig.» «Es macht dir nichts aus?» «Nein. Ich will dich nur nicht küssen. Weil ich nicht will, dass irgendetwas Sexuelles passiert. Aber ich weiß, wie sehr du meine Brüste magst, und darum darfst du sie berühren.» Also berührte ich ihre Brüste – und meine Hände zitterten. Und natürlich hatte ich eine Erektion. Ich sagte: «Ist es die linke oder die rechte Brust?» Und sie sagte: «Die rechte.» Also legte ich meine Hand auf ihre rechte Brust. Es gibt eine Verbindung von Erotik und Zärtlichkeit – sie erregt einen und lässt einen schmelzen, und das war es, was geschah. Man kriegt eine Erektion und schmilzt, und beides geschieht gleichzeitig. Wir saßen also da, und ich hatte meine Hand auf ihre Brust gelegt, und wir redeten. Ich sagte: «Es macht dir nichts aus?» Und sie sagte: «Ich wünsche mir sogar noch mehr von dir. Weil ich weiß, wie sehr du meine Brüste magst.» Ich sagte: «Was wünschst du dir?» «Ich will, dass du den Krebs fühlst.» Ich sagte: «Das werde ich tun. Okay. Aber später, lass uns das später tun.»

Es ging zu schnell. Ich war noch nicht bereit dazu. Also

redeten wir, und dann begann *sie* zu weinen, und ich versuchte, sie zu trösten, und dann hörte sie plötzlich auf zu weinen und wurde sehr energisch, sehr entschlossen. Sie sagte: «David, ich bin eigentlich nur mit einer einzigen Bitte zu dir gekommen, mit einer einzigen Frage.» Und ich sagte: «Und welche ist das?» Und sie sagte: «Nach dir hatte ich keinen Freund oder Liebhaber, der meinen Körper so geliebt hat wie du.» «Hast du denn Freunde gehabt?»

Schon wieder. Vergiss doch die Freunde. Doch ich konnte es nicht. «Hast du Freunde gehabt, Consuela?» «Ja, aber nicht viele.» «Hast du regelmäßig mit Männern geschlafen?» «Nein. Nicht regelmäßig.» «Wie war deine Arbeit? Gab es da keinen, der sich in dich verliebt hat?» «Sie haben sich alle in mich verliebt.» «Das kann ich verstehen. Und dann?» fragte ich. «Waren sie alle schwul? Hast du keine heterosexuellen Männer kennen gelernt?» «Doch, das schon, aber sie haben nichts getaugt.» «Warum haben sie nichts getaugt?» «Sie haben bloß auf meinem Körper masturbiert.» «Wie schade. Wie dumm. Wie verrückt.» «Aber du hast meinen Körper geliebt. Und ich war stolz auf meinen Körper.» «Aber du warst doch auch vorher schon stolz auf ihn.» «Ja und nein. Du hast meinen Körper gesehen, als er am schönsten war. Und darum wollte ich, dass du ihn siehst, bevor er durch das, was die Ärzte tun werden, zerstört wird.» «Hör auf, so zu reden, hör auf, so zu denken. Niemand wird dich zerstören. Was wollen die Ärzte denn tun?» Und sie sagte: «Ich habe Chemotherapie gekriegt. Darum habe ich meine Mütze nicht abgesetzt.» «Natürlich. Aber wenn es um dich geht, kann ich alles aushalten. Du kannst tun, was du willst.» Sie sagte: «Nein, ich will es dir nicht zeigen. Denn mit dem Haar passiert etwas Seltsames. Nach der Chemotherapie wächst es in Büscheln. Und was da wächst, ist eine Art Babyhaar. Es ist sehr seltsam.» Ich sagte: «Fallen die Schamhaare auch aus?» «Nein», sagte sie, «die Schamhaare nicht. Das ist auch seltsam.» Ich sagte: «Hast du die Ärztin danach gefragt?» «Ja», sagte sie, «aber sie kann es nicht erklären. Sie hat nur gesagt: ‹Das ist eine gute Frage.› Sieh dir meine Arme an», sagte Consuela. Sie hat lange, schlanke Arme und diese ganz weiße Haut, und die hübschen, zarten Haare auf den Armen waren tatsächlich noch immer da. «Siehst du?», sagte sie. «Ich habe Haare auf den Armen, aber nicht auf dem Kopf.» «Na ja», sagte ich, «ich kenne kahle Männer, warum also nicht auch eine kahle Frau?» Sie sagte: «Nein. Ich will nicht, dass du das siehst.»

Dann sagte sie: «David, darf ich dich um einen großen Gefallen bitten?» «Natürlich. Alles, was du willst.» «Würde es dir etwas ausmachen, dich von meinen Brüsten zu verabschieden?» Ich sagte: «Mein liebes Mädchen, mein süßes Mädchen, sie werden deinen Körper nicht zerstören, nein, das werden sie nicht.» «Na ja, ich habe Glück, dass mein Busen so groß ist, aber sie werden etwa ein Drittel entfernen müssen. Meine Ärztin tut alles, damit der Eingriff so klein wie möglich ist. Sie ist menschlich. Sie ist wunderbar. Sie ist keine Metzgerin. Sie ist keine herzlose Maschine. Sie will das Geschwür durch Chemotherapie schrumpfen lassen, damit sie bei der Operation so wenig wie möglich entfernen müssen.» «Aber sie können die Brust doch wiederherstellen, oder nicht? Sie können das, was sie entfernt haben, ersetzen.» «Ja, sie können dieses Silikonzeug reintun. Aber ich weiß nicht, ob ich das will. Es ist schließlich mein Körper, und das wird dann nicht mehr mein Körper sein. Das wird gar nichts sein.» «Und wie soll ich mich verabschieden? Was willst du? Was soll ich tun, Consuela?» Und schließlich sagte sie es mir.

Ich holte meine Kamera, eine Leica mit Zoomobjektiv, und Consuela stand auf. Wir zogen die Vorhänge zu und schalteten alle Lampen ein, und ich fand die richtige Schubert-Musik und legte sie auf. Als Consuela begann, sich auszuziehen, tat sie es nicht mit einem Tanz, sondern eher mit exotischen, orientalischen Bewegungen. Sehr elegant und so verletzlich. Ich saß auf dem Sofa, und sie stand da und zog sich aus. Und die Art, wie sie das tat und ein Kleidungsstück nach dem anderen fallen ließ, war atemberaubend. Mata Hari. Die Spionin, die sich für den Offizier entkleidet. Und die ganze Zeit so extrem verletzlich. Zuerst zog sie die Bluse aus. Dann die Schuhe. Außergewöhnlich, die Schuhe zu diesem Zeitpunkt auszuziehen. Dann legte sie den BH ab. Es war, als hätte ein nackter Mann vergessen, die Socken auszuziehen: Das wirkt immer ein bisschen lächerlich. Ich finde eine Frau mit nackten Brüsten, die einen Rock trägt, nicht erotisch. Der Rock beeinträchtigt das Bild irgendwie. Nackte Brüste in Kombination mit einer Hose sind sehr erotisch, aber in Verbindung mit einem Rock – das funktioniert nicht. Wenn eine Frau den Rock anbehalten will, sollte sie den BH nicht ausziehen. Ein Rock und nackte Brüste, das heißt: Jetzt wird gestillt.

So zeigte sie sich mir. Sie entkleidete sich, bis sie nur

noch ihren Slip trug. Sie sagte: «Könntest du meine Brüste berühren?» «Ist das das Foto, das du willst: Wie ich deine Brüste berühre?» «Nein, nein. Du sollst sie erst berühren.» Also tat ich es. Und dann sagte sie: «Ich will Fotos von vorn und von der Seite und dann welche, auf denen ich mich vorbeuge.»

Ich machte etwa dreißig Fotos von ihr. Sie wählte die Posen, und sie wollte alle Variationen. Sie wollte Fotos, auf denen sie ihre Brüste mit den Händen stützte. Auf denen sie sie drückte. Fotos von links, Fotos von rechts, Fotos, auf denen sie sich vorbeugte. Schließlich zog sie auch den Slip aus, und man konnte sehen, dass ihr Schamhaar so war, wie es immer gewesen war, wie ich es beschrieben habe: glatt und anliegend. Asiatisches Haar. Sie schien mit einem Mal erregt zu sein, weil sie den Slip ausgezogen hatte und ich sie betrachtete, ohne dass sie etwas anhatte. Man konnte an ihren Brustwarzen sehen, dass sie erregt war. Ich war es inzwischen allerdings nicht mehr. Trotzdem fragte ich sie: «Willst du über Nacht hier bleiben? Willst du mit mir schlafen?» Sie sagte: «Nein, ich will nicht mit dir schlafen. Aber ich will, dass du mich in den Armen hältst.» Ich war vollständig bekleidet, wie jetzt auch. Und sie saß auf dem Sofa, in meinen Armen, wir waren einander ganz nah, und dann nahm sie mein Handgelenk und legte meine Hand in ihre Achselhöhle, damit ich den Krebs fühlen konnte. Er fühlte sich an wie ein Stein. Ein Stein in ihrer Achselhöhle. Zwei kleine Steine, einer größer als der andere, was bedeutete, dass es Metastasen gab, die von ihrer Brust ausgegangen waren. Doch in der Brust konnte man nichts ertasten. Ich fragte:

«Warum kann ich sie in der Brust nicht ertasten?», und sie sagte: «Meine Brüste sind zu groß. Zu viel Gewebe. Der Krebs sitzt tief in der Brust.»

Ich hätte nicht mit ihr schlafen können, nicht einmal ich, der ich ihr Blut abgeleckt hatte. Nach all den Jahren, in denen ich so viel an sie gedacht hatte, wäre es schwierig genug gewesen, sie bloß anzusehen, wenn sie unter normalen Umständen und nicht in einer so seltsam schrecklichen Verfassung bei mir aufgetaucht wäre. Nein, ich hätte nicht mit ihr schlafen können, und doch dachte ich unausgesetzt daran. Weil sie so schön sind, ihre Brüste. Ich kann es nicht oft genug sagen. Es war so gemein, so erniedrigend, dass diese Brüste, ihre Brüste ... Ich dachte: Sie dürfen nicht zerstört werden! Wie ich Ihnen schon sagte: Ich hatte in all den Jahren, in denen wir nicht zusammen waren, beim Masturbieren immer nur an Consuela gedacht. Ich war mit anderen Frauen ins Bett gegangen und hatte an sie gedacht, an ihre Brüste und daran, wie es gewesen war, mein Gesicht in ihnen zu vergraben. Ich hatte daran gedacht, wie weich sie gewesen waren, wie glatt, und dass ich ihr Gewicht, ihr sanftes Gewicht hatte spüren können, und das alles, während meine Lippen eine andere liebkosten. Doch in diesem Augenblick wusste ich, dass Sex in ihrem Leben unwichtig geworden war. Was auf dem Spiel stand, war etwas anderes.

Also sagte ich: «Soll ich dich ins Krankenhaus begleiten? Wenn du es willst, werde ich es tun. Ich bestehe darauf, dich zu begleiten. Du bist doch praktisch allein.» Sie sagte, sie müsse darüber nachdenken. Sie sagte: «Es ist lieb, dass du mir das anbietest, aber ich weiß es noch nicht. Ich weiß nicht, ob ich dich gleich nach meiner Operation sehen will.» Sie ging gegen halb zwei; um etwa acht Uhr war sie gekommen. Sie fragte mich nicht, was ich mit den Fotos tun würde, die sie mich hatte machen lassen. Sie bat mich nicht, ihr Abzüge zu schicken. Ich habe sie noch nicht entwickeln lassen. Ich bin gespannt, sie zu sehen. Ich werde sie vergrößern. Natürlich werde ich ihr einen Satz schicken. Aber ich muss einen vertrauenswürdigen Menschen finden, der sie entwickelt. Angesichts meiner Interessen hätte ich schon längst lernen sollen, wie man einen Film entwickelt, aber ich habe es eben nie gelernt. Jetzt wäre es nützlich.

Sie müsste jetzt irgendwann ins Krankenhaus gehen. Ich erwarte ihre Nachricht jeden Augenblick, eigentlich täglich. Seit sie vor drei Wochen bei mir war, habe ich kein Wort mehr von ihr gehört. Wird sie sich melden? Glauben Sie, dass sie sich melden wird? Sie hat mir gesagt, ich solle mich nicht mit ihr in Verbindung setzen. Sie wolle nichts mehr von mir – das waren ihre Worte, als sie ging. Ich habe praktisch neben dem Telefon gesessen, aus Angst, ihren Anruf zu verpassen.

Seit ihrem Besuch habe ich viel telefoniert, mit allen möglichen Leuten, die ich kenne, mit Ärzten, die ich kenne, weil ich etwas über die Behandlung von Brustkrebs erfahren wollte. Ich dachte nämlich immer, es sei üblich, erst zu operieren und dann die Chemotherapie zu beginnen. Und das war etwas, was mir, als sie hier war, Sorgen machte. Ich dachte: An ihrem Fall ist irgendetwas, was ich nicht verstehe. Inzwischen habe ich erfahren, dass es nicht so ungewöhnlich ist, die Chemotherapie vor der

Operation vorzunehmen, und dass dies nach und nach zur Standardbehandlung eines lokal fortgeschrittenen Brustkarzinoms wird, doch es drängt sich die Frage auf, ob diese Behandlung in Consuelas Fall die richtige ist. Was hat sie gemeint, als sie sagte, ihre Überlebenschancen lägen bei sechzig Prozent? Warum nur sechzig Prozent? Hat ihr das jemand gesagt, hat sie es irgendwo gelesen, oder hat sie es sich in ihrer Panik ausgedacht? Oder spielen Ärzte aus Eitelkeit mit Langzeitprognosen? Vielleicht ist es nur eine Reaktion auf den Schock – eine ganz typische Reaktion übrigens –, aber ich denke die ganze Zeit, dass irgendetwas an ihrer Geschichte nicht stimmt, dass Consuela mir entweder nicht alles gesagt hat oder dass ihr selbst etwas verschwiegen worden ist ... Jedenfalls, das ist die Geschichte, die sie mir erzählt hat, und mehr habe ich bisher nicht erfahren.

Sie ging gegen halb zwei, nachdem das neue Jahr Chicago erreicht hatte. Wir tranken Tee. Wir tranken ein Glas Wein. Weil sie mich darum bat, schaltete ich den Fernseher ein, und wir sahen uns die Aufzeichnungen der Neujahrsfeierlichkeiten an, erst die in Australien und dann die in Asien und Europa. Consuela war etwas sentimental. Sie erzählte mir Geschichten. Über ihre Kindheit. Dass ihr Vater mit ihr von klein auf in die Oper gegangen sei. Sie erzählte mir von einem Blumenhändler. «Letzten Samstag habe ich mit meiner Mutter auf der Madison Avenue Blumen gekauft», sagte sie, «und der Blumenhändler hat gesagt: ‹Was für einen hübschen Hut Sie da tragen›, und ich habe geantwortet: ‹Das hat auch seinen

Grund›, und er hat verstanden, was ich meinte, und ist ganz rot geworden und hat sich entschuldigt und mir ein Dutzend Rosen umsonst gegeben. Da sieht man, wie die Leute reagieren, wenn ein Mensch in Not ist. Sie wissen nicht, was sie tun sollen. Keiner weiß, was er sagen oder tun soll. Darum bin ich dir so dankbar», sagte sie.

Wie ich mich gefühlt habe? In jener Nacht hat mir am meisten der Gedanke daran wehgetan, dass sie allein ist, dass sie im Bett liegt und panische Angst hat. Panische Angst vor dem Tod. Und was wird jetzt geschehen? Was glauben Sie? Wahrscheinlich wird sie mich nicht bitten, sie ins Krankenhaus zu begleiten. Sie hat sich gefreut, dass ich es ihr angeboten habe, aber wenn es so weit ist, wird sie mit ihrer Mutter dorthin gehen. Vielleicht ist sie am Silvesterabend einfach durchgedreht, weil sie zu elend und verängstigt war, um auf die Party zu gehen, zu der sie eingeladen war, und zu elend und verängstigt, um allein zu sein. Ich glaube nicht, dass sie mich anrufen wird, wenn sie in Panik gerät. Sie wollte, dass ich es ihr anbiete, aber sie wird das Angebot nicht annehmen.

Es sei denn, ich irre mich. Es sei denn, sie kommt in zwei, drei Monaten zu mir und sagt, dass sie mit mir schlafen will. Lieber mit mir als mit einem jüngeren Mann, weil ich alt und meinerseits weit davon entfernt bin, vollkommen zu sein. Mit mir, weil ich zwar noch lange nicht vertrocknet bin, der Verfall meines Körpers aber nicht mehr so unmerklich ist wie bei den Männern in dem Fitness-Studio, in dem ich trainiere, den Männern, die es geschafft haben, nicht geboren zu werden, bevor Roosevelt Präsident wurde.

Und werde ich dann dazu imstande sein? In meinem ganzen Leben habe ich mit keiner Frau geschlafen, die auf diese Weise verstümmelt worden ist. Vor einigen Jahren kannte ich mal eine Frau, die auf dem Weg zu meiner Wohnung sagte: «Ich muss dir etwas sagen: Ich hatte eine Operation, und seitdem habe ich nur noch eine Brust. Nur damit du nicht erschrickst.» Nun, ganz gleich, für wie unerschrocken man sich hält – die Vorstellung, eine Frau mit nur einer Brust zu sehen, ist, wenn man ehrlich ist, nicht sehr verheißungsvoll, oder? Es gelang mir, ein wenig überrascht zu wirken, allerdings scheinbar nicht wegen der amputierten Brust, und ich glaube, dass ich keine Nervosität zeigte, als ich versuchte sie zu beruhigen. «Ach, sei nicht albern – wir werden doch nicht miteinander ins Bett gehen. Wir sind bloß gute Freunde, und ich finde, das sollten wir auch bleiben.» Ich habe einmal mit einer Frau geschlafen, die einen dunkelbraunen Weinfleck hatte, und zwar zwischen und teilweise auf ihren Brüsten, ein riesiges Muttermal. Sie war außerdem eine große Frau – über einsneunzig. Die einzige Frau, bei der ich mich auf die Zehenspitzen stellen und den Kopf recken musste, um sie zu küssen. Ich bekam einen steifen Hals davon. Als wir ins Bett gingen, zog sie zuerst ihren Rock und den Slip aus, was für eine Frau eher ungewöhnlich ist. Normalerweise fangen Frauen beim Oberkörper an und legen als Erstes die Bluse ab. Sie dagegen behielt Pullover und BH an. Ich sagte: «Willst du nicht deinen Pullover und den BH ausziehen?» «Doch, aber ich will nicht, dass du erschrickst», sagte sie. «Mit mir ist etwas nicht in Ordnung.» Ich lächelte und versuchte, das herunterzuspielen. «Was ist es denn, was stimmt mit dir nicht?» Sie sagte: «Na ja, da ist was mit meinem Busen, das dich erschrecken wird.» «Ach, mach dir darüber keine Gedanken. Zeig's mir einfach.» Das tat sie. Und dann übertrieb ich es. Ich küsste das Muttermal. Ich streichelte es. Ich spielte damit. Ich war höflich. Ich versuchte, sie mit dem Fleck zu versöhnen. Ich sagte, er gefalle mir sehr. Es ist nicht leicht, so etwas ungezwungen zu tun. Aber man muss imstande sein, die Sache in die Hand zu nehmen, ruhig zu bleiben und mit Anstand damit umzugehen. Nicht zurückzuzucken vor etwas, mit dem ein anderer leben muss. Dieser Weinfleck. Für sie war er tragisch. Über einsneunzig. Männer fühlten sich, wie ich, wegen ihrer erstaunlichen Größe zu ihr hingezogen. Und bei jedem Mann dasselbe: «Mit mir ist etwas nicht in Ordnung.»

Die Fotos. Ich werde nie vergessen, wie Consuela mich bat, diese Fotos zu machen. Irgendein Spanner vor dem Fenster hätte es wohl nur für eine Pornoszene halten können. Und dennoch war es von Pornographie so weit entfernt, wie es nur sein konnte. «Hast du noch deine Kamera?» «Ja, die habe ich noch», sagte ich. «Würde es dir was ausmachen, mich zu fotografieren? Ich will Fotos von meinem Körper haben, auf denen er so aussieht, wie du ihn gekannt hast. Wie du ihn gesehen hast. Denn bald wird er nicht mehr so sein, wie er war. Ich kenne niemanden, den ich darum bitten könnte. Einen anderen Mann könnte ich nicht fragen. Sonst würde ich dich nicht damit belästigen.» «Ja», sagte ich, «das werden wir tun. Alles, was du willst. Sag nur, was du willst. Bitte mich, um was du willst. Sag mir alles.» «Könntest du Musik auflegen», sagte sie, «und deine Kamera holen?» «Was für Musik möchtest du?» «Schubert. Irgendeine Kammermusik von Schubert.» «Gut», sagte ich und dachte: Nur nicht *Der Tod und das Mädchen.*

Und doch hat sie mich bis jetzt nicht darum gebeten, ihr Abzüge zu schicken. Sie dürfen nicht vergessen, dass Consuela keine brillante Analytikerin ist. Dann wäre das mit den Fotos nämlich etwas ganz anderes. Dann wären sie Teil einer Taktik. Dann würde man sich Gedanken machen über ihre Strategie. Doch bei Consuela ist in allem, was sie tut, eine halb bewusste Spontaneität, ein Gefühl der Richtigkeit, auch wenn sie vielleicht nicht genau weiß, was sie tut oder warum sie es tut. Dass sie zu mir kam, um sich fotografieren zu lassen, zeugt von einem großen Vertrauen zum Instinkt, zu einem eigenen, impulsiven Gedanken, zur Intuition, und dahinter stand kein reflektiertes Abwägen. Man hätte sich dieses Abwägen zwar vorstellen können, aber das entsprach nicht Consuelas Art. Sie habe das Gefühl, dies tun zu müssen, sagte sie, um für *mich*, der ihren Körper so geliebt habe, zu dokumentieren, wie schön, wie vollkommen er gewesen sei. Doch es gab noch ganz andere Gründe.

Mir ist aufgefallen, dass die meisten Frauen in Hinblick auf ihren Körper unsicher sind, selbst wenn sie, wie Consuela, wirklich schön sind. Nicht alle wissen, dass sie schön sind. Nur ein bestimmter Typ von Frau weiß das. Die meisten beklagen sich über etwas, über das sie sich nicht zu beklagen bräuchten. Oft wollen sie ihre Brüste verbergen. Es gibt da irgendeine Scham, deren Ursache ich nie habe ergründen können, und um ihnen die Unsicherheit zu nehmen, muss man lange auf sie einreden, bevor sie es wirklich genießen können, ihre Brüste zu entblößen und sie betrachten zu lassen. Das gilt auch für diejenigen, die von der Natur am meisten begünstigt worden sind. Nur wenige zeigen sich ganz unbefangen, und weil darüber so viel polemisiert worden ist, sind das heutzutage nur selten diejenigen mit jenen vollkommenen Brüsten, wie man sie selbst entworfen hätte.

Doch die erotische Kraft von Consuelas Körper – nun, damit ist es vorbei. Ja, in jener Nacht hatte ich eine Erektion, aber sie hätte nicht lange angehalten. Glücklicherweise habe ich die nötige Potenz und den Trieb, doch wenn sie mit mir hätte schlafen wollen, wäre ich in große Schwierigkeiten geraten. Und sollte sie mit mir schlafen wollen, wenn sie von der Operation genesen ist, werde ich auch dann große Schwierigkeiten haben. Und das wird sie wollen, oder? Sie wird es erst einmal mit einem Mann probieren wollen, den sie kennt, mit einem alten Mann. Um ihres Selbstvertrauens, um ihres Stolzes willen lieber mit mir als mit Carlos Alonso oder einem der Brüder Villareal. Das Alter richtet vielleicht nicht so viel an wie der Krebs, aber es richtet genug an.

Teil zwei. In drei Monaten wird sie mich anrufen und sagen: «Wir müssen uns unbedingt sehen», und dann wird sie sich wieder ausziehen. Ist das die Katastrophe, die auf uns zukommt?

Es gibt ein Bild von Stanley Spencer, das in der Tate Gallery hängt, einen Doppelakt von Spencer und seiner Frau in den Mittvierzigern. Es ist der Inbegriff der ungeschminkten Darstellung eines langen Zusammenlebens von Mann und Frau. Das Bild ist in einem der Spencer-Bücher, unten, in der Bibliothek. Ich werde es Ihnen nachher zeigen. Spencer sitzt, hockt neben seiner liegenden Frau. Er sieht durch seine Nickelbrille aus kurzer Entfernung nachdenklich auf sie hinab. Und wir sehen die beiden ebenfalls aus kurzer Entfernung: zwei nackte Körper, direkt vor unseren Augen, damit wir umso besser sehen können, dass sie nicht mehr jung und schön sind. Keiner von beiden ist glücklich. Auf der Gegenwart lastet eine schwere Vergangenheit. Besonders bei der Frau ist alles schlaff und dick geworden, und die Zukunft hält noch härtere Prüfungen als faltige Haut für sie bereit.

Am Rand des Tisches im Vordergrund liegen zwei Stücke Fleisch, eine große Lammkeule und ein kleines Kotelett. Sie sind mit fotografischer Akkuratesse wiedergegeben, mit derselben unbarmherzigen Wahrhaftigkeit wie, nur Zentimeter hinter dem rohen Fleisch, die schlaffen Brüste und der hängende, unerregte Schwanz. Es könnte ein Blick in das Schaufenster eines Metzgers sein, nicht nur auf das Fleisch, sondern auch auf die sexuelle Anatomie dieses Ehepaars. Jedes Mal wenn ich an Consuela denke, sehe ich diese rohe Lammkeule vor mir, einen primitiven Knüppel neben den unerbittlich ausgestellten Körpern dieses Mannes und dieser Frau. Dass sie da ist, so nah an beider Bett, erscheint immer weniger unpassend, je länger man das Bild betrachtet. Im irgendwie ratlosen Gesichtsausdruck der Frau liegt eine melancholische Resignation, und dieser Klumpen Fleisch hat nichts gemein mit einem lebenden Lamm, und seit drei Wochen, seit Consuelas Besuch, muss ich ständig an diese beiden Darstellungen denken.

Wir sahen den Beginn des neuen Jahres um die Welt gehen, wir sahen die bedeutungslose Massenhysterie der Jahrtausendfeier. Die Zeitzonen leuchteten im Licht greller Explosionen, von denen keine das Werk Bin Ladens war. Lichtwirbel über dem nächtlichen London, spektakulärer als alles, was man seit den farbenprächtigen Rauchwolken im Gefolge deutscher Luftangriffe dort gesehen hatte. Und der Eiffelturm sprühte Feuer: der Nachbau eines Flammenwerfers, wie Wernher von Braun ihn für Hitlers Arsenal von Vernichtungswaffen konstruiert haben könnte – der historische Inbegriff des Flugkörpers, der Inbegriff der Rakete, der Inbegriff der Bombe. Das alte Paris war die Abschussrampe, und das Ziel war die gesamte Menschheit. Die ganze Nacht sah man auf allen Kanälen diese Farce des Armageddon, auf das wir seit dem 6. August 1945 in unseren Luftschutzkellern gewartet hatten. Wie hätte es auch anders sein sollen? Selbst in dieser Nacht, ja besonders in dieser Nacht erwarteten die Menschen das Schlimmste, als wäre sie eine einzige lange Luftschutzübung. Das Warten auf die Serie schrecklicher Hiroshimas, die mit ihrer synchronisierten Zerstörung die beharrlich überdauernden Kulturen der Welt miteinander verbinden würde. Jetzt oder nie. Doch die Zerstörung geschah nicht.

Vielleicht war es das, was alle feierten: dass die Katastrophe nicht eingetreten war, dass sie auch in dieser Nacht nicht eintrat, dass der Weltuntergang nun nie mehr kommen wird. All dieses Chaos ist beherrschtes Chaos, in regelmäßigen Abständen unterbrochen, um Autos zu verkaufen. Das Fernsehen inszeniert, was es am besten kann: den Triumph der Trivialisierung über die Tragödie. Den Triumph der Oberflächlichkeit, präsentiert von Barbara Walters. Nicht die Zerstörung der uralten Städte, sondern die internationale Eruption der Oberflächlichkeit, einen globalen Ausbruch von Sentimentalität, wie ihn selbst Amerikaner noch nie erlebt haben. Von Sydney über Bethlehem bis zum Times Square: Die Wiederverwertung von Klischees erfolgt mit Überschallgeschwindigkeit. Es detonieren keine Bomben, es wird kein Blut vergossen – der nächste Knall, den man hört, wird der Boom des Wohlstands und die Explosion der Märkte sein. Noch die kleinste Einsicht über das in unserer Zeit banalisierte Elend wird durch das freigebige Nähren der prächtigsten Illusionen ruhig gestellt. Ich sehe diese überdrehte Produktion eines inszenierten Pandämoniums und habe das Gefühl, dass die vom Geld besessene Welt darauf brennt, in ein Zeitalter des Wohlstands und der Finsternis einzutreten. Eine Nacht menschlichen Glücks als Wegbereiterin von *barbarei.com*. Als angemessenes Willkommen für die Scheiße und den Kitsch des neuen Jahrtausends. Eine Nacht, an die man nicht zurückdenken, sondern die man vergessen möchte.

Mit Ausnahme der Szene auf dem Sofa, wo ich Consuela in ihrer Nacktheit umarme und mit den Händen ihre Brüste wärme, während wir zusehen, wie das neue Jahr in Kuba beginnt. Keiner von uns hatte erwartet, *das* auf dem Bildschirm zu sehen, doch dort, vor uns, ist Havanna. Aus einem mit Tausenden von Touristen voll gestopften Amphitheater, das sich Nachtclub nennt, wird eine einbalsamierte Polizeistaatversion jener heißen karibischen Shows gesendet, die in der Blütezeit des organisierten Verbrechens die Leute mit den großen Scheinen anlockten. Aus dem Tropicana Nightclub des Tropicana-Hotels. Keine Kubaner weit und breit, bis auf die Unterhaltungskünstler, die in keiner Weise unterhaltend sind: eine Menge junger Leute – sechsundneunzig, wie ABC uns verrät –, die alberne weiße Kostüme tragen und eigentlich nicht tanzen oder singen, sondern im Kreis auf der Bühne umhermarschieren und in Handmikrophone grölen. Die Showgirls sehen aus wie langbeinige, beleidigt herumstelzende Latino-Transvestiten aus dem West Village. Auf den Köpfen tragen sie überdimensionale Lampenschirme – einen Meter hoch, sagt ABC. Lampenschirme auf dem Kopf und wallende Mähnen aus weißen Rüschen auf dem Rücken.

«Mein Gott», sagte Consuela und begann zu weinen. «Und das», sagte sie, und sie sagte es so wütend, «*das* zeigt er der Welt. Das zeigt er der Welt am Silvesterabend.» «Es ist tatsächlich eine ziemlich groteske Farce», sagte ich. «Vielleicht ist es auch das, was Castro unter einem Witz versteht.»

Ist das so?, frage ich mich. Handelt es sich hier um eine unbewusste Selbstironie – hat Castro sein Gespür so sehr verloren? –, oder ist die Satire beabsichtigt und im Einklang mit seinem Hass auf die kapitalistische Welt? Hat Castro, der die Korruption der Ära Batista so sehr verachtete, eine Korruption, die in seinen Augen doch wohl durch Touristen-Nachtclubs wie das Tropicana symbolisiert wurde, diesen Beitrag zu den Feiern der Jahrtausendwende tatsächlich genehmigt? Dem Papst wäre das nicht passiert – der hat eine ausgezeichnete Public-Relations-Abteilung. Nur die alte Sowjetunion wäre zu einer solchen Geschmacklosigkeit imstande gewesen. Castro hätte auf alle möglichen altmodischen Tableaus des sozialistischen Realismus zurückgreifen können: ein Fest auf einer Zuckerrohrplantage, in einer Entbindungsstation, in einer Zigarrenmanufaktur. Glückliche, Zigarren rauchende kubanische Arbeiter, glückliche, strahlende kubanische Mütter, glückliche, an der Mutterbrust trinkende kubanische Neugeborene ... und stattdessen präsentiert er uns die schäbigste Art von Unterhaltung für Touristen? War das beabsichtigt? War es dumm? Oder sollte es ein gelungener Witz über all diese hysterischen Feiern anlässlich einer bedeutungslosen Markierung auf dem Strang der Geschichte sein? Was immer das Motiv war, er wird keinen Cent dafür ausgegeben haben. Er wird keine Minute darüber nachgedacht haben. Warum sollte der Revolutionär Castro oder irgendjemand sonst auch nur einen Augenblick über etwas nachdenken, das uns die Illusion vermittelt, etwas zu begreifen, das wir nicht begreifen können? Das Vergehen der Zeit. Wir schwimmen in der Zeit, bis wir schließlich darin versinken und sterben. Dieses Nichtereignis wird zu einem bedeutenden Ereignis aufgeblasen, während Consuela hier das größte Ereignis ihres Lebens bewältigen muss. Das Große Ende, auch wenn niemand weiß, was – wenn überhaupt – da endet, und erst recht niemand weiß, was damit beginnt. Man feiert außer Rand und Band, auch wenn niemand weiß, was man feiert.

Nur Consuela weiß es, denn Consuela kennt jetzt die Wunde des Alters. Für alle außer den Alternden ist das Altern unvorstellbar, aber das gilt nicht mehr für Consuela. Sie misst die Zeit nicht mehr wie die Jungen, indem sie zurückblickt, dorthin, wo ihr Leben begann. Für alle, die jung sind, besteht die Zeit immer aus dem Vergangenen, doch für Consuela besteht sie aus der Zukunft, die ihr noch bleibt, und sie glaubt nicht, dass ihr viel bleibt. Jetzt bemisst sie die Zeit, indem sie nach vorn sieht, dem nahenden Tod entgegen. Die Illusion ist zerstört, die metronomische Illusion, der tröstliche Gedanke, dass alles – tick, tack – zur richtigen Zeit geschieht. Ihr Zeitgefühl ist nun wie meins: Es ist beschleunigt, und sie hat sogar noch mehr Anlass zu Verzweiflung als ich. Im Grunde hat sie mich überholt. Ich kann nämlich noch immer denken: «Ich werde nicht innerhalb der nächsten fünf Jahre sterben, vielleicht nicht mal innerhalb der nächsten zehn Jahre, denn ich bin fit und gesund und lebe vielleicht sogar noch zwanzig Jahre», während sie …

Das schönste Kindermärchen ist, dass alles in der richtigen Reihenfolge geschieht. Deine Großeltern sterben lange vor deinen Eltern, und deine Eltern sterben lange vor dir. Wenn man Glück hat, ist es so – die Menschen altern und sterben, in der richtigen Reihenfolge, sodass man bei der Beerdigung den Schmerz lindern kann durch den Gedanken, dieser Mensch habe ein langes Leben gehabt. Das macht die Auslöschung zwar kaum weniger schrecklich, aber es ist ein Trick, mit dem wir die metronomische

Illusion aufrechterhalten und die Tortur der Zeit abmildern: «Soundso hat ein langes Leben gehabt.» Doch dieses Glück ist Consuela nicht zuteil geworden, und so sitzt sie neben mir, zum Tode verurteilt, während auf dem Bildschirm ein die ganze Nacht dauernder Freudentaumel zu sehen ist, eine fabrizierte, kindische Hysterie, mit der die Menschen eine unbegrenzte Zukunft feiern, erfüllt von einer Ausgelassenheit, der sich reife Erwachsene mit ihrem melancholischen Wissen um eine sehr begrenzte Zukunft nicht hinzugeben vermögen. Und in dieser Nacht des Wahnsinns kann kein Wissen melancholischer sein als das Consuelas.

«Havanna», sagt sie und weint immer heftiger, «ich dachte, ich würde eines Tages Havanna sehen.» «Aber das wirst du.» «Nein, das werde ich nicht. Ach, David, mein Großvater ...» «Ja, was ist mit ihm? Komm, sag es mir.» «Mein Großvater saß immer im Wohnzimmer ...» «Sprich weiter.» Ich hielt sie in den Armen, als sie von sich selbst erzählte, wie sie es noch nie zuvor getan hatte, wie sie es noch nie hatte tun müssen, und Dinge über sich sagte, die sie selbst bis dahin vielleicht gar nicht gewusst hatte. «Im Fernseher lief *The News Hour,* die *MacNeil-Lehrer News Hour,* und dann», sagte sie, während die Tränen ihr über die Wangen liefen, «dann seufzte er plötzlich: ‹*Pobre Mamá.*› Die in Havanna ohne ihn gestorben war. Denn diese Generation, ihre Generation, hat das Land nicht verlassen. ‹*Pobre Mamá. Pobre Papá.*› Sie waren dort geblieben. Er hatte diese Traurigkeit, diese Sehnsucht nach ihnen. Diese schreckliche, schreckliche Sehnsucht. Und die habe ich auch. Aber ich sehne mich nach mir selbst.

Nach meinem Leben. Ich fühle mich, ich befühle meinen Körper mit den Händen und denke: Das ist mein Körper! Er kann doch nicht verschwinden! Das kann doch nicht sein! Das kann doch nicht wirklich geschehen! Wie kann mein Körper verschwinden? Ich will nicht sterben! David, ich habe solche Angst zu sterben!» «Consuela, Liebling, du wirst nicht sterben. Du bist zweiunddreißig. Du wirst noch lange nicht sterben.» «Ich bin als Exilantin aufgewachsen. Darum habe ich Angst vor allem. Wusstest du das? *Ich habe Angst vor allem!*» «Nein. Das glaube ich nicht. Vor allem? Das kommt dir heute Nacht vielleicht so vor, aber das ist doch nicht immer ...» «Doch, *immer.* Ich wollte das Exil meiner Eltern nicht. Aber man wächst auf und hört immer ‹Kuba, Kuba, Kuba ...›. Und sieh sie dir an! Diese Leute! So vulgäre Leute! Sieh dir an, was er aus Kuba gemacht hat! Ich werde Kuba nie sehen. Ich werde das Haus nie sehen. Ich werde ihr Haus nie sehen.» «Doch, das wirst du. Wenn Castro erst tot ist ...» «Dann werde *ich* tot sein.» «Du wirst nicht tot sein. Du wirst leben. Du darfst nicht in Panik geraten. Es gibt keinen Grund zur Panik. Du wirst gesund werden, du wirst leben ...» «Willst du wissen, welches Bild ich hatte? Von dort? Mein ganzes Leben lang? Das Bild, das ich von Kuba hatte?» «Ja. Sag es mir. Versuch, dich zu beruhigen, und erzähl mir alles. Soll ich den Fernseher ausschalten?» «Nein, nein. Sie werden irgendwas anderes zeigen. *Müssen* sie ja.» «Erzähl mir von dem Bild in deinem Kopf, Consuela.» «Kein Bild vom Strand. Das hatten meine Eltern. Meine Eltern haben immer davon gesprochen, wie viel Spaß sie dort hatten: Kinder, die am Strand herumrannten, Leute, die in Liegestühlen lagen und Mimosas bestellten. Sie mieteten ein Haus am Strand und so weiter, aber das waren nicht meine Erinnerungen. Ich hatte andere Bilder. Schon immer. Ach, David – sie haben Kuba begraben, lange bevor sie selbst begraben wurden. Sie mussten es tun. Mein Vater, mein Großvater, meine Großmutter – sie alle wussten, dass sie nie zurückkehren würden. Und sie sind nie zurückgekehrt. Und jetzt werde auch ich nie zurückkehren.» «Du wirst dorthin zurückkehren», sagte ich. «Welches Bild hattest du schon immer? Erzähl mir davon. Erzähl es mir.» «Ich habe immer gedacht, dass ich dorthin zurückkehren würde. Nur um das Haus zu sehen. Ob es noch da ist.» «Ist es ein Bild des Hauses?», fragte ich sie. «Nein. Ein Bild von einer Straße. El Malecón. Wenn du irgendwelche Bilder von Havanna siehst, ist immer auch ein Bild von El Malecón dabei, von dieser schönen Straße am Meer. Es gibt da eine Ufermauer, und auf den Bildern sitzen die Leute auf der Mauer, sie sitzen da einfach herum. Hast du *Buena Vista Social Club* gesehen?» «Ja. Wegen dir. Natürlich habe ich ihn mir angesehen. Ich habe ihn mir angesehen und an dich gedacht.» «Also, es ist die Straße, wo sich die Wellen brechen», sagte sie. «An der Mauer. Man sieht sie nur ganz kurz. Ich dachte immer, dass ich eines Tages dort stehen würde.» «Die Straße, wo du hättest sein können», sagte ich. «Wo ich hätte sein *sollen*», sagte Consuela, und wieder weinte sie haltlos, während auf dem Bildschirm die Showgirls mit ihren Lampenschirmen (von denen, wie man uns mitteilt, jeder sechseinhalb Kilo wiegt) kreuz und quer über die Bühne stolzieren. Ja, es ist eindeutig – Castro sagt zum zwanzigsten Jahrhundert: «Leck mich!» Denn dies ist auch das Ende seines historischen Abenteuers, das Ende der Spur, die er in der Geschichte der Menschheit hinterlassen und nicht hinterlassen hat. «Erzähl mir davon«, sagte ich zu ihr. «Du hast nie darüber gesprochen. Vor acht Jahren hast du nicht so geredet. Damals warst du eine Zuhörerin. Meine Studentin. Ich wusste nichts von diesen Dingen. Komm, erzähl mir, was hätte sein sollen.» «Diese Mauer», sagte sie, «und ich. Das ist alles. Dort herumsitzen und mit den Leuten reden. Das ist alles. Man ist am Meer und doch in der Stadt. Es ist ein Treffpunkt. Es ist eine Promenade.» «Na ja, in dem Film sah sie ziemlich heruntergekommen aus», sagte ich. «Ist sie auch. Aber ich hab sie mein Leben lang ganz anders gesehen.»

Und dann der Kummer, die Last der Trauer um alles, was ihre Familie verloren hatte, um ihren Vater und ihre Großeltern, die im Exil gestorben waren, um sich selbst, die nun im Exil sterben würde (in einem Exil, dessen Grausamkeit sie noch nie so stark empfunden hatte), um das Kuba der Castillos, das Castro zerstört hatte, um alles, was sie fürchtete, verlassen zu müssen – und diese Last war so groß, dass Consuela in meinen Armen für fünf Minuten den Verstand verlor. Vor meinen Augen kehrte sich die Angst, die ihr Körper spürte, nach außen. «Was ist? Was kann ich für dich tun, Consuela? Sag es mir, und ich werde es tun. Was ist es, das dich so quält?»

Und dann, als sie wieder imstande war zu sprechen, sagte sie es mir. Zu meiner Überraschung war es dies, was sie am meisten quälte: «Ich habe meinen Eltern immer auf Englisch geantwortet. O Gott. Wenn ich ihm doch nur öfter auf Spanisch geantwortet hätte.» «Wem?» «Meinem Vater. Er hörte es so gern, wenn ich ihn ‹Papi› nannte. Aber als ich nicht mehr ganz klein war, habe ich das nicht mehr getan. Ich hab ihn ‹Dad› genannt. Ich *musste* einfach. Ich wollte Amerikanerin sein. Ich wollte ihre ganze *Trauer* nicht.» «Consuela, Liebste, es spielt jetzt keine Rolle mehr, wie du ihn genannt hast. Er wusste, dass du ihn geliebt hast. Er wusste, wie sehr …» Aber ich konnte sie nicht trösten. Ich hatte sie noch nie so sprechen hören, war auch nicht im mindesten auf das gefasst, was sie als Nächstes tat. In jedem ruhigen, vernünftigen Menschen verbirgt sich ein zweiter Mensch, der eine wahnsinnige Angst vor dem Tod hat, doch mit zweiunddreißig ist die Spanne zwischen dem Jetzt und dem Dann gewöhnlich so gewaltig, so unermesslich, dass man diesem zweiten Menschen nicht öfter als vielleicht ein paar Mal im Jahr, und dann auch nur ganz kurz und spät in der Nacht, begegnet und in den Zustand des Wahnsinns eintaucht, der für diesen zweiten tägliche Realität ist.

Was sie tat, war Folgendes: Sie nahm den Hut ab. Sie warf ihn von sich. Die ganze Zeit, müssen Sie wissen, hatte sie diesen fesartigen Hut getragen, auch als sie sonst nackt gewesen war und ich die Fotos von ihren Brüsten gemacht hatte, doch jetzt riss sie ihn sich vom Kopf. Mit Silvesterausgelassenheit riss sie sich den komischen Silvesterhut vom Kopf. Erst Castros Farce einer heißen Bühnenshow und jetzt die radikale Enthüllung von Consuelas Sterblichkeit.

Es war entsetzlich, sie ohne den Hut zu sehen. Eine so junge, so schöne Frau mit diesem Haarflaum, mit diesen sehr kurzen, feinen, farblosen, unbedeutenden Härchen –

man hätte sie lieber glatzköpfig gesehen, geschoren von einem Friseur, als mit diesem idiotischen Flaum auf dem Schädel. Die Verwandlung der Gedanken, die man über einen bestimmten Menschen stets gedacht hat, nämlich dass er ebenso lebendig ist wie man selbst, in die durch irgendetwas – in Consuelas Fall durch ihre flaumige Glatze – ausgelöste Erkenntnis, dass dieser Mensch dem Tode nahe ist, dass er im Sterben begriffen ist, empfand ich in diesem Augenblick nicht nur als Schock, sondern auch als einen Verrat. Einen Verrat an Consuela, weil ich den Schock so rasch überwand und zu diesem Schluss kam. Der traumatische Augenblick ist da, wenn diese Verwandlung des Bildes vom anderen eintritt, wenn man erkennt, dass die Perspektiven des anderen keinerlei Ähnlichkeit mehr mit den eigenen haben und er oder sie, ganz gleich, wie angemessen man reagiert und fortfährt zu reagieren, sterben wird, bevor man selbst sterben muss – wenn man Glück hat, lange bevor man selbst sterben muss.

Da. Da war es. Das ganze Grauen manifestierte sich in diesem Kopf. In Consuelas Kopf. Ich küsste ihn immer wieder. Was sonst hätte ich auch tun sollen? Das Gift der Chemotherapie. Was hatte es in ihrem Körper angerichtet! Was hatte es in ihrem Kopf angerichtet! Sie ist zweiunddreißig, sie glaubt, dass sie nun aus dem Leben verbannt ist, und erlebt alles zum allerletzten Mal. Aber was, wenn es nicht so ist? Was –

Ah! Das Telefon! Das könnte –! Wie viel Uhr ist es? Zwei Uhr morgens. Entschuldigen Sie mich!

Das war sie. Sie hat angerufen. Sie hat endlich angerufen. Ich muss gehen. Sie ist in Panik. In zwei Wochen ist ihre Operation. Die Chemotherapie ist abgeschlossen. Sie hat mich gebeten, ihr die Schönheit ihres Körpers zu schildern. Darum hat es so lange gedauert. Das war es, was sie hören wollte. Das war es, worüber sie beinahe eine Stunde lang gesprochen hat. Über ihren Körper. Glaubst du, dass nach der Operation jemals noch ein Mann meinen Körper lieben wird? Das fragt sie mich immer wieder. Die Ärzte, müssen Sie wissen, haben beschlossen, die ganze Brust zu amputieren. Ursprünglich wollten sie nur einen Teil entfernen, doch jetzt halten sie die Sache für zu ernst. Also müssen sie eine Amputation vornehmen. Vor zehn Wochen haben sie ihr noch gesagt, sie müssten nur einen Teil entfernen, und jetzt sagen sie ihr, dass sie sie ganz abnehmen müssen. Wohlgemerkt: eine Brust. Das ist keine Kleinigkeit. Heute Morgen haben sie ihr gesagt, was sie vorhaben, und jetzt ist es Nacht, und sie ist ganz allein, und was da auf sie zukommt ... Ich muss gehen. Sie will mich bei sich haben. Sie will, dass ich bei ihr im Bett schlafe. Sie hat den ganzen Tag nichts gegessen. Sie muss etwas essen. Jemand muss sie füttern. Sie? Sie können bleiben, wenn Sie wollen. Sie können bleiben, Sie können gehen ... Aber ich habe jetzt keine Zeit mehr, ich muss gehen!

«Tun Sie's nicht.»

Was?

«Gehen Sie nicht.»

Aber ich muss. Jemand muss bei ihr sein.

«Sie wird schon jemanden finden.»

Aber sie hat schreckliche Angst. Ich muss gehen.

«Denken Sie darüber nach. Denken Sie nach. Denn wenn Sie gehen, sind Sie erledigt.»